LE CRI
DE LA MOUETTE

EMMANUELLE LABORIT
avec la collaboration de Marie-Thérèse Cuny

LE CRI
DE LA MOUETTE

ROBERT LAFFONT

© Éditions Robert Laffont, S.A., Paris, 1993
ISBN 2-266-06746-X

1

CONFIDENCE

Les mots sont une bizarrerie pour moi depuis mon enfance. Je dis bizarrerie, pour ce qu'il y eut d'abord d'étrange.

Que voulaient dire ces mimiques des gens autour de moi, leur bouche en cercle, ou étirée en grimaces différentes, leurs lèvres en curieuses positions ? Je « sentais » quelque chose de différent lorsqu'il s'agissait de la colère, de la tristesse ou du contentement, mais le mur invisible qui me séparait des sons correspondant à ces mimiques était à la fois vitre transparente et béton. Je m'agitais d'un côté de ce mur, et les autres faisaient de même de l'autre côté. Lorsque j'essayais de reproduire comme un petit singe leurs mimiques, ce n'étaient toujours pas des mots, mais des lettres visuelles. Parfois, on m'apprenait un mot d'une syllabe ou de deux syllabes qui se ressemblaient, comme « papa », « maman », « tata ».

Les concepts les plus simples étaient encore plus mystérieux. Hier, demain, aujourd'hui. Mon cerveau fonctionnait au présent. Que voulaient dire le passé et l'avenir ?

Lorsque j'ai compris, à l'aide des signes, qu'hier était derrière moi, et demain devant moi, j'ai fait un bond fantastique. Un progrès immense, que les entendants ont du mal à imaginer, habitués qu'ils sont à comprendre depuis le berceau les mots et les concepts répétés inlassablement, sans même qu'ils s'en rendent compte.

Puis j'ai compris que d'autres mots désignaient des personnes. Emmanuelle, c'était moi. Papa, c'était lui. Maman, c'était elle. Marie était ma sœur. J'étais Emmanuelle, j'existais, j'avais une définition, donc une existence.

Être quelqu'un, comprendre que l'on est vivant. A partir de là, j'ai pu dire « JE ». Avant, je disais « ELLE » en parlant de moi. Je cherchais où j'étais dans ce monde, qui j'étais, et pourquoi. Et je me suis trouvée. Je m'appelle Emmanuelle Laborit.

Ensuite j'ai pu analyser peu à peu la correspondance entre les actes et les mots qui les désignent, entre les personnes et leurs actes. Soudain le monde m'appartenait et j'en faisais partie.

J'avais sept ans. Je venais à la fois de naître et de grandir, d'un coup.

J'avais si faim et si soif d'apprendre, de connaître, de comprendre le monde, que je n'ai pas cessé depuis. J'ai appris à lire et à écrire la langue française. Je suis devenue bavarde, curieuse de tout, tout en m'exprimant dans une autre langue, comme une étrangère bilingue. J'ai passé mon bac, comme presque tout le monde. Et j'ai eu plus peur à l'écrit qu'à l'oral. Cela peut paraître curieux pour un être qui a du mal à oraliser les mots, mais écrire est un exercice encore difficile.

Lorsque j'ai voulu faire ce livre, certaines personnes m'ont dit :

« Tu n'y arriveras pas. »

Oh ! si. Quand je décide de faire quelque chose,

je vais jusqu'au bout. Je voulais y arriver. J'avais décidé d'y arriver.

J'ai entrepris ma petite œuvre personnelle avec l'obstination qui est la mienne depuis toujours.

D'autres personnes, plus curieuses, ont demandé comment j'allais faire. Écrire moi-même ? Raconter ce que je voulais écrire à un entendant qui traduirait mes signes ?

J'ai fait les deux. Chaque mot écrit et chaque mot en signe se sont retrouvés frères. Parfois plus jumeaux que d'autres.

Mon français est un peu scolaire, comme une langue étrangère apprise, détachée de sa culture. Mon langage des signes est ma vraie culture. Le français a le mérite de décrire objectivement ce que je veux exprimer. Le signe, cette danse des mots dans l'espace, c'est ma sensibilité, ma poésie, mon moi intime, mon vrai style. Les deux mêlés m'ont permis d'écrire ce récit de ma jeune vie, en quelques pages ; d'hier, où j'étais derrière ce mur de béton transparent, à aujourd'hui, où j'ai franchi le mur. Un livre, c'est un témoignage important. Un livre va partout, il passe de main en main, d'esprit en esprit, pour y laisser une trace. Un livre, c'est un moyen de communication qui est rarement donné aux sourds. En France, j'aurai le privilège d'être la première, comme je fus la première comédienne sourde à recevoir le Molière du théâtre.

Ce livre est un cadeau de la vie. Il va me permettre de dire ce que j'ai toujours tu, aux sourds comme aux entendants. C'est un message, un engagement dans le combat concernant la langue des signes, qui sépare encore beaucoup de gens. J'y utilise la langue des entendants, ma deuxième langue, pour dire ma certitude absolue que la langue des signes est notre première langue, la nôtre, celle qui nous permet d'être des êtres humains « communicants ». Pour dire, aussi, que rien ne doit être refusé aux sourds, que tous les langages peuvent être utilisés, sans ghetto ni ostracisme, afin d'accéder à la VIE.

2

LE CRI DE LA MOUETTE

J'ai poussé des cris, beaucoup de cris, et de vrais cris.

Non pas parce que j'avais faim ou soif, ou peur, ou mal, mais parce que je commençais à vouloir « parler », parce que je voulais m'entendre et que les sons ne me revenaient pas.

Je vibrais. Je savais que je criais, mais les cris ne voulaient rien dire pour ma mère ou mon père. C'étaient, disaient-ils, des cris aigus d'oiseaux de mer, comme une mouette planant sur l'océan. Alors, ils m'ont surnommée la mouette.

Et la mouette criait au-dessus d'un océan de bruits qu'elle n'entendait pas, et eux ne comprenaient pas le cri de la mouette.

Maman dit : « Tu étais un très beau bébé, tu es née sans difficultés, tu pesais trois kilos cinq cents, tu pleurais quand tu avais faim, tu riais, tu babillais comme les autres bébés, tu t'amusais. Nous n'avons pas compris tout de suite. Nous t'avons crue sage, parce que tu dormais à poings fermés dans une pièce à côté du salon où la musique marchait à tue-tête, les soirs de fêtes avec des amis. Et nous étions fiers d'avoir un bébé sage. Nous t'avons crue "nor-male", parce que tu tournais la tête quand une porte claquait. Nous ne savions pas que tu ressentais la vibration par le sol, sur lequel tu jouais, et par les déplacements d'air. De même, lorsque ton père mettait un disque, tu dansais sur place, dans ton parc, en te balançant et en agitant les jambes et les bras. »

Je suis à l'âge où les bébés s'amusent par terre, à quatre pattes, et commencent à vouloir dire maman ou papa. Mais je ne dis rien. Je perçois donc les vibrations par le sol. Je sens les vibrations de la musique, et je l'accompagne en poussant mes cris de mouette. C'est ce qu'on m'a dit.

Je suis une mouette perceptive, j'ai un secret, un monde à moi.

Mes parents sont d'une famille de marins. Ma mère est fille, petite-fille et sœur des derniers cap-horniers. Alors, ils m'ont appelée mouette. Étais-je muette ou mouette ? Cette curieuse ressemblance phonétique me fait sourire maintenant.

Le premier qui a dit :

« Emmanuelle crie parce qu'elle ne s'entend pas », c'est mon oncle, le frère aîné de mon père, Fifou.

Mon père dit :

« C'est le premier qui nous a mis la puce à l'oreille. »

« Une scène s'est fixée à jamais dans ma mémoire, comme une image arrêtée », dit ma mère.

Mes parents préféraient ne pas y croire. A tel point que, par exemple, je n'ai appris que très tard que mes grands-parents paternels s'étaient mariés dans la chapelle de l'Institut national des jeunes sourds de Bordeaux, dont le beau-père de ma grand-mère était directeur ! Ils l'avaient « oublié » ! Pour cacher leur inquiétude, peut-être, pour ne pas regarder la vérité en face. En somme, ils étaient fiers de ne pas avoir une petite « chieuse » qui les réveille tôt le matin. Alors ils ont pris l'habitude de plaisanter en m'appelant la mouette, pour ne pas dire leur peur de ma différence.

On crie ce que l'on veut taire, dit-on. Moi, je devais crier pour essayer d'entendre la différence entre le silence et mon cri. Pour compenser l'absence de tous ces mots que je voyais bouger sur les lèvres de ma mère et de mon père, et dont j'ignorais le sens. Et comme mes parents taisaient leur angoisse, je devais crier aussi pour eux, qui sait ?

Maman dit :

« Le pédiatre m'a prise pour une folle. Il n'y croyait pas non plus. Toujours cette histoire de vibrations que tu percevais. Mais lorsqu'on frappait dans ses mains à côté de toi ou derrière toi, tu ne tournais pas la tête en direction du bruit. On t'appelait et tu ne répondais pas. Et moi, je sentais bien ces choses bizarres. Tu paraissais surprise au point de sursauter quand j'arrivais près de toi, comme si tu m'avais vue à la dernière seconde. J'ai cru d'abord à des problèmes psychologiques, d'autant que le pédiatre ne voulait toujours pas me croire alors qu'il te voyait tous les mois.

« J'avais pris rendez-vous avec lui pour lui faire part de mes craintes une fois de plus. Il m'a carrément dit : "Madame, je vous conseille vivement d'aller vous faire soigner !"

« Et là-dessus, il a claqué la porte exprès, et comme tu t'es retournée, par hasard, ou parce que tu avais ressenti ces vibrations, ou tout simplement parce que son comportement était curieux pour toi, il a dit : "Vous voyez bien que c'est absurde !"

« Je lui en veux. Je m'en veux de l'avoir cru. Après cette visite, nous avons entamé avec ton père une période d'angoisse et d'observation permanente. On sifflait, on t'appelait, on faisait claquer les portes, on te regardait taper des mains, t'agiter comme si tu dansais sur la musique... On y croyait, puis on n'y croyait plus. On était perdus.

« A neuf mois, je t'ai emmenée voir un spécialiste qui a dit immédiatement que tu étais née sourde profonde. Le choc a été rude. Je ne pouvais pas l'admettre, ton père non plus. Nous nous disions : "C'est une erreur de diagnostic, c'est impossible." Nous sommes allés voir un autre spécialiste, et j'espérais tant qu'il allait sourire et nous renvoyer à la maison en nous rassurant.

« On s'est retrouvés avec ton père à l'hôpital Trousseau, tu étais sur mes genoux, et là, j'ai compris. A la séance de tests, on te faisait entendre des sons très forts, qui me déchiraient les tympans et te laissaient de marbre.

« J'ai posé des questions au spécialiste. Trois questions.

« Parlera-t-elle ?

— Oui. Mais ce sera long.

— Que faire ?

— Un appareillage, une rééducation orthophonique précoce, surtout pas de langage gestuel.

— Puis-je rencontrer des adultes sourds ?

— Ce ne serait pas une bonne chose, ils appartiennent à une génération qui n'a pas connu de rééducation précoce. Vous seriez démoralisée et déçue.

« Ton père était complètement assommé, et j'ai pleuré. D'où venait cette "malédiction" ? L'hérédité génétique ? Une maladie pendant la grossesse ? Je me sentais coupable, et ton père aussi. Nous avons cherché vainement dans la famille qui avait pu être sourd, d'un côté ou de l'autre. »

Je comprends le choc qu'ils ont reçu. Les parents culpabilisent toujours, ils cherchent toujours le coupable. Mais rendre l'autre responsable, le père ou la mère, de la surdité de l'enfant, c'est terrible pour l'enfant. Il ne faut pas le faire. Pour moi, on ne sait toujours pas. On ne saura jamais. C'est sûrement mieux.

Ma mère dit qu'elle ne savait plus quoi faire avec moi. Elle me regardait, incapable d'inventer quoi que ce soit pour créer le lien entre nous. Parfois, elle n'arrivait même plus à jouer. Elle ne me disait plus rien. Elle pensait : « Je ne peux plus lui dire je t'aime, puisqu'elle ne m'entend pas. »

Elle était en état de choc. Tétanisée. Elle ne pouvait plus réfléchir.

De ma petite enfance, les souvenirs sont étranges. Un chaos dans ma tête, une suite d'images sans relation les unes avec les autres, comme des séquences d'un film montées l'une derrière l'autre, avec de longues bandes noires, de grands espaces perdus.

Entre zéro et sept ans, ma vie est pleine de trous. Je n'ai de souvenirs que visuels. Comme des flashes-back, des images dont j'ignore la chronologie. Je crois qu'il n'y en pas eu du tout dans ma tête, à cette période. Avenir, passé, tout était sur une même ligne de l'espace-temps. Maman disait hier... et moi je ne comprenais pas où était hier, ce qu'était hier. Demain non plus. Et je ne pouvais pas le demander. J'étais impuissante. Je n'étais pas consciente du tout du temps qui passait. Il y avait la lumière du jour, le noir de la nuit, c'est tout.

Je n'arrive toujours pas à mettre de dates sur

cette période de zéro à sept ans. Ni à remettre en ordre ce que j'ai fait.

Le temps faisait du surplace. Je découvrais les situations sur place. Il y a peut-être des souvenirs enfouis dans ma tête, mais sans liens d'âge entre eux, et je ne peux pas les retrouver. Les événements, je dois dire les situations, les scènes, car tout était visuel, je les vivais tous comme une situation unique, celle du maintenant. En essayant de rassembler le puzzle de ma petite enfance pour écrire, je n'ai donc retrouvé que des bouts d'images.

Les autres perceptions sont dans un chaos inaccessible au souvenir. Enfouies dans cette période où, avec l'absence de langage, l'inconnu des mots, la solitude et le mur du silence, je me suis débrouillée, j'ignore comment. Maman dit :

« Tu étais assise dans ton lit, tu me voyais disparaître et revenir avec surprise. Tu ne savais pas où j'allais, dans la cuisine, par exemple ; j'étais une image de maman qui disparaît, puis de maman qui revient, sans lien entre les deux. »

LE SILENCE DES POUPÉES

L'apprentissage de la communication a commencé par la méthode Borel-Maisonny, avec une orthophoniste, une femme extraordinaire, qui a su écouter la tristesse de ma mère, supporter sa colère, ses larmes. Elle jouait avec moi à la poupée, à l'eau et à la dînette. Elle a montré à ma mère qu'il était possible d'avoir une relation avec moi, de me faire rire, pour que je continue à vivre comme « avant » qu'elle sache ma surdité.

J'apprenais à oraliser des A, des B, des C, on me représentait les lettres, par des mouvements de la bouche et des gestes de la main.

Ma mère assistait aux séances. C'était une prise en charge mère-enfant. C'est par identification avec cette femme que ma mère a réappris à me parler. Mais notre façon de communiquer était instinctive, animale, j'appelle ça « ombilicale ». Il s'agissait de choses simples, comme manger, boire, dormir. Ma mère ne m'empêchait pas de faire des gestes, alors qu'on le lui avait recommandé. Elle n'avait pas le cœur à me l'interdire. On avait d'autres signes à nous, complètement inventés. Maman dit :

« Tu me faisais rire aux larmes en tentant de communiquer avec moi par tous les moyens ! Je tournais ton visage vers le mien, pour que tu essaies de lire des mots simples, et tu mimais en même temps, c'était joli et irrésistible. »

Combien de fois a-t-elle fait ce geste de ramener mon visage vers le sien, ce geste du face-à-face mère-enfant, fascinant et terrible, qui nous a servi de langage ?

Dès ce moment, il n'y a eu guère de place pour l'autre, mon père. Quand mon père rentrait du travail, c'était plus difficile, je passais peu de temps avec lui, nous n'avions pas de code « ombilical ». J'articulais quelques mots, mais il ne comprenait presque jamais. Il souffrait de voir ma mère communiquer avec moi dans un langage d'une intimité qui lui échappait. Il se sentait exclu. Et il l'était tout naturellement, car ce n'était pas une langue que nous pouvions partager tous les trois, ni avec quelqu'un d'autre. Et il voulait communiquer directement avec moi. Cette exclusion le révoltait. Lorsqu'il rentrait, le soir, nous ne pouvions rien échanger. Souvent j'allais tirer ma mère par le bras pour savoir ce qu'il disait. J'aurais tant voulu « parler » avec lui. Tant savoir de choses de lui.

Je commençais à dire quelques mots. Comme tous les enfants sourds, je portais un appareil auditif, que je supportais plus ou moins bien. Il installait des bruits dans ma tête, tous les mêmes, impossible de les différencier, impossible de s'en servir, c'était plus fatigant qu'autre chose. Mais il fallait le porter, d'après les rééducateurs ! Combien de fois les écouteurs sont-ils tombés dans la soupe ?

Maman dit que la famille se consolait avec des lieux communs :

« Elle est sourde, mais qu'est-ce qu'elle est mignonne ! »

« Elle sera d'autant plus intelligente ! »

J'ai une superbe collection de poupées. Combien, je ne sais pas. Mais j'ai des poupées. J'ai quel âge ? Je ne sais pas. L'âge des poupées. C'est la situation des poupées. Au moment d'aller dormir, il faut que je les range, qu'elles soient bien alignées. Je les borde, il faut que les mains soient au-dessus de la couverture. Je leur ferme les yeux. Je mets beaucoup de temps à m'occuper de ce rangement avant d'aller me coucher. Je leur parle peut-être, sûrement, avec le même code que ma mère. Le signe de dormir. Une fois que tout le monde des poupées est bien au lit, alors je peux aller me coucher et dormir.

C'est bizarre, je range mes poupées dans un ordre méthodique, alors que dans ma tête c'est complètement désordonné. Tout est vague et mélangé. Je cherche encore pourquoi je faisais ça. Pourquoi je passais des siècles à ranger les poupées. On me bouscule pour que j'aille me coucher. Ça énerve mon père, ça énerve tout le monde. Mais je ne peux pas dormir si mes poupées ne sont pas rangées. Il me les faut parfaitement alignées, les yeux fermés, la couverture au millimètre près, les bras au-dessus. C'est d'une précision diabolique, alors que tout est désordre dans ma tête. Peut-être suis-je en train de ranger tout ce que j'ai vécu dans la journée, et dans le désordre, avant d'aller dormir. Peut-être suis-je en train d'exprimer le rangement de ce désordre. Le jour, je suis désordre. La nuit, je dors bien rangée, au calme, comme une poupée. Ça ne parle pas, une poupée.

J'ai vécu dans le silence parce que je ne communiquais pas. Ce doit être ça, le vrai silence ? Le noir complet de l'incommunicable ? Pour moi, tout le monde était noir silence, sauf mes parents, surtout ma mère.

Le silence a donc un sens qui n'est qu'à moi, celui de l'absence de communication. Autrement, je n'ai jamais vécu dans le silence complet. J'ai mes bruits personnels, inexplicables pour un entendant. J'ai mon imagination, et elle a ses bruits en images. J'imagine des sons en couleurs. Mon silence à moi a des couleurs, il n'est jamais en noir et blanc.

Les bruits des entendants sont aussi en images, pour moi, en sensations. La vague qui roule sur la plage, calme et douce, est une sensation de sérénité, de tranquillité. Celle qui se hérisse et galope en faisant le gros dos, c'est la colère. Le vent, ce sont mes cheveux qui flottent dans l'air, la fraîcheur ou la douceur sur ma peau.

La lumière est importante, j'aime le jour, pas la nuit.

Je dors sur un canapé dans le salon du petit appartement de mes parents. Mon père est étudiant en médecine, ma mère est institutrice. Elle a interrompu ses études pour m'élever. Nous ne sommes pas très riches, l'appartement est petit. Des notions que j'ignore alors, puisque l'organisation de la société, du monde des entendants, m'est totalement étrangère. La nuit, je dors seule sur le canapé. Je le vois encore parfaitement aujourd'hui, ce canapé aux couleurs jaune et orange. Je vois une table en bois marron. Je vois la table de la salle à manger, blanche avec des tréteaux. Il y a toujours un lien entre les couleurs et les sons que j'imagine. Je ne peux pas dire que le son que j'imagine est bleu ou vert ou rouge, mais les couleurs et la lumière sont des supports à l'imagination du bruit, à la perception de chaque situation.

Avec mes yeux, dans la lumière, je peux tout contrôler. Noir est synonyme de non-communication, donc de silence. Absence de lumière : panique. Plus tard, j'ai appris à éteindre la lumière avant de dormir.

J'ai un flash souvenir sur le noir de la nuit. Je suis dans le salon, allongée sur mon lit, et je vois par la fenêtre l'ombre des phares sur le mur. Ça m'effraie, toutes ces lumières qui arrivent et repartent. J'ai encore l'image dans la tête. Entre le salon et la chambre de mes parents, ce n'est pas fermé ; c'est une grande pièce ouverte, sans porte. Il y a un fauteuil et un lit, et le grand canapé avec des coussins partout, où je dors. Je me vois enfant, mais je ne sais pas l'âge. J'ai peur. Tout le temps peur, la nuit, de ces phares de voitures, de ces images qui arrivent sur le mur et s'en vont.

Parfois mes parents m'expliquaient qu'ils allaient sortir. Mais est-ce que j'avais vraiment bien compris cette histoire de sortir ? Pour moi, c'était un départ, un abandon. Les parents disparaissaient et revenaient. Mais allaient-ils revenir ? Quand ? Je n'avais pas la notion de quand. Je n'avais pas les mots pour leur dire, je n'avais pas de langue, je ne pouvais pas exprimer l'angoisse. C'était l'horreur.

Je crois que je devinais peut-être à leur comportement un peu nerveux qu'ils allaient « disparaître », mais c'était toujours une surprise pour moi ce départ, parce que je m'en apercevais la nuit. On me faisait dîner, on me couchait, on attendait que je sois endormie, et lorsque mes parents supposaient que je dormais profondément, ils pensaient qu'ils pouvaient partir, et moi, je ne le savais pas. Et je me réveillais seule. Je me réveillais peut-être à cause de ce départ. Et j'avais peur des phares comme des fantômes sur le mur.

Je ne pouvais pas la dire, ni l'expliquer, cette peur. Mes parents devaient croire que rien ne pouvait me réveiller, puisque j'étais sourde ! Mais les lumières étaient des sons imaginaires, inconnus, qui m'angoissaient énormément. Si j'avais pu me faire comprendre, ils ne m'auraient pas laissée seule. Il faut quelqu'un, la nuit, à un enfant sourd. Absolument quelqu'un.

J'ai aussi un cauchemar en tête. Je suis dans une voiture, à l'arrière, ma mère conduit. J'appelle ma mère, je veux lui poser des questions, je veux qu'elle me réponde, j'appelle, et elle ne tourne pas la tête. J'insiste. Lorsqu'elle se tourne enfin pour me répondre, c'est l'accident, la voiture finit dans un ravin, puis dans la mer. Je vois l'eau autour de moi. Horrible. Insupportable. L'accident est de ma faute, et ça me réveille en pleine angoisse.

Dans la journée, j'appelle très souvent ma mère pour qu'on communique. Je veux savoir ce qui se passe, je veux toujours être au courant, c'est un besoin. Elle est la seule à me comprendre vraiment, avec ce langage inventé depuis le début, ce langage « ombilical », animal, ce code particulier, instinctif, fait de mimique et de gestuelle. J'ai tant de choses embrouillées dans la tête, tant de questions, que j'ai besoin d'elle tout le temps. Ce cauchemar où elle ne répond pas, ne tourne pas la tête pour me regarder, c'était mon angoisse profonde de cet âge-là.

Pour les enfants qui apprennent très tôt la langue des signes, ou qui ont des parents sourds, c'est différent. Eux, ils font des progrès remarquables. Je suis stupéfaite du développement qu'ils ont. Moi, j'étais nettement en retard, je n'ai appris cette langue qu'à sept ans. Avant, j'étais sûrement un peu comme une « débile », une sauvage.

C'est fou. Comment ça se passait avant ? Je n'avais pas de langue. Comment j'ai pu me construire ? Comment j'ai compris ? Comment je faisais pour appeler les gens ? Comment je faisais pour demander quelque chose ? Je me vois mimer souvent.

Est-ce que je pensais ? Sûrement. Mais à quoi ? A ma furie de communiquer absolument. A cette sensation d'être enfermée derrière une énorme porte, que je ne pouvais pas ouvrir pour me faire comprendre des autres.

Et je tirais ma mère par la manche, par la robe, je lui montrais des objets, des tas de choses, elle comprenait, elle répondait.

Je progressais lentement. J'imitais des mots, aussi. « Eau », par exemple, c'est le premier mot que j'ai oralisé. J'imitais ce que je voyais sur les lèvres de ma mère. Je ne m'entendais pas, mais je faisais « O », la bouche en « O ». Un « O » qui faisait une vibration dans ma gorge, donc un bruit particulier pour ma mère. Et ainsi les mots devenaient mes mots à moi et à elle, que personne ne pouvait comprendre. Maman voulait que je me force à parler, et j'essayais aussi pour l'aider, mais j'avais surtout envie de montrer, de désigner. Pour demander à faire pipi, je montrais les toilettes, pour manger, je montrais ce que je voulais manger et je mettais la main à ma bouche.

Jusqu'à l'âge de sept ans, il n'y a pas de mots, pas de phrases dans ma tête. Des images seulement.

Quand je tirais ma mère, pour lui dire quelque chose, je ne voulais pas qu'elle regarde ailleurs, c'était moi, mon visage, rien d'autre qu'elle devait regarder. Je me souviens de ça, il y avait donc une pensée, puisque je « pensais » la communication, je la voulais.

Il y avait des situations particulières. Par exemple, à une réunion de famille. Beaucoup de gens dont la bouche bougeait beaucoup. Je m'ennuyais. Je partais dans une autre pièce, j'allais regarder les objets, les choses. Je les prenais dans mes mains pour bien les voir. Après ça, je revenais au milieu des gens et je tirais ma mère. Tirer ma mère, c'était l'appeler. Pour qu'elle me regarde, qu'elle pense à moi. C'était difficile quand il y avait du monde : je perdais la communication avec elle. J'étais seule sur ma planète, et je voulais qu'elle y revienne. Elle était mon seul lien avec le monde. Mon père nous regardait, il ne comprenait toujours rien.

Je vois mon père en colère. Je vois une expression particulière. Je demande :

« Ça ne va pas ? »

Je mime la colère de papa. Il répond :

« Non, non, ça va ! »

Parfois je vais tirer maman pour qu'elle traduise, parce que je veux savoir plus, je veux comprendre ce qui se passe. Pourquoi, pourquoi... j'ai vu la colère sur le visage de papa. Mais elle ne peut pas traduire tout le temps. Alors je me retrouve dans le noir silence.

Quand il y a du monde je regarde beaucoup les visages. J'observe tous les tics, toutes les manies des gens. Il y a des gens qui ne regardent pas leur interlocuteur à table en parlant. Ils jouent avec leurs couverts. Ils se tripotent les cheveux. Ils sont des images qui font des choses. Je ne peux pas dire ce que je ressens. Je vois. Je vois s'ils sont contents, pas contents. Je vois s'ils sont énervés. Ou s'ils n'écoutent pas les autres. J'ai des yeux pour entendre, mais c'est limité. Je vois bien qu'ils communiquent entre eux avec la bouche ; ma différence doit être là. Ils font du bruit avec leur bouche. Moi, je ne sais pas ce que c'est que le bruit. Et le silence non plus. Ça n'a pas de sens, ces deux mots-là.

Sauf que, à l'intérieur de moi, ce n'est pas le silence. J'entends des sifflements, très aigus. Je crois qu'ils viennent d'ailleurs, de l'extérieur de moi, mais non, ce sont mes bruits, il n'y a que moi qui les entends. Je suis bruit intérieur et silence extérieur ?

On a dû m'appareiller à neuf mois. Les petits enfants sourds ont souvent des appareils avec deux oreillettes reliées à un cordon en y, avec un micro sur le ventre ; c'est un appareil monophonique. Je ne me souviens pas d'avoir entendu des choses avec ça. Des bruits peut-être ? Mais des bruits que j'entends encore, comme la vibration des voitures qui passent dans la rue, la vibration de la musique ; avec l'appareil, ils sont insupportablement forts. Mais des bruits d'enfants ? Non. Les jouets sont muets.

Ça me fatiguait, ces bruits trop forts, ces bruits sans signification, qui ne m'apportaient rien. J'enlevais l'appareil pour dormir, le bruit m'angoissait. Un bruit fort sans nom, sans lien, ça me stressait. Maman dit :

« L'orthophoniste nous a dit de ne pas nous inquiéter, que tu parlerais. On nous a donné de l'espoir. Avec la rééducation et les appareils auditifs, tu deviendrais "entendante". En retard, bien sûr, mais tu y arriverais. On espérait aussi, mais c'était complètement illogique, que tu finirais par entendre réellement un jour. Comme une magie. C'était si difficile d'accepter que tu sois née dans un monde différent du nôtre. »

4

VENTRE ET MUSIQUE

A partir de l'appareillage, mais j'ignore quand, j'ai commencé à faire la différence entre les entendants et les sourds. Simplement parce que les entendants ne portaient pas d'appareil. Il y avait ceux avec, et les autres. C'était une distinction simple.

Moi, j'avais envie de dire des choses, tant de choses, mais il y avait ce mur, alors j'étais triste. Je voyais mon père triste, et maman aussi. Je sentais vraiment la tristesse, et je voulais que mes parents sourient, qu'ils soient heureux, je voulais leur donner du bonheur. Mais je ne comprenais pas comment le leur donner. Je me disais : « Qu'est-ce que j'ai, moi ? Pourquoi ils sont tristes à cause de moi ? » Je n'avais pas encore compris que j'étais sourde. Seulement qu'il y avait une différence.

Premier souvenir ? Il n'y a ni premier ni dernier souvenir d'enfance dans mon désordre à moi. Il y a des sensations. Des yeux et le corps pour enregistrer la sensation.

Je me rappelle le ventre. Ma mère est enceinte de ma petite sœur, je sens très fort les vibrations. Je sens qu'il y a quelque chose. Le visage enfoui dans le ventre de ma mère, « j'entends » la vie. J'ai du mal à imaginer qu'il y a un bébé dans le ventre de maman. Pour moi, c'est impossible. Je vois une personne, et il y a une deuxième personne dans la même personne ? Je dis que ce n'est pas vrai. C'est une blague. Mais j'aime le ventre de ma mère, et le bruit de la vie qui est dedans.

J'aime aussi le ventre de mon père, le soir, quand il discute avec des amis, ou avec ma mère. Je suis fatiguée, je m'allonge près de lui, la tête contre son ventre, et je sens sa voix. Sa voix passe par son ventre et je sens les vibrations. Ça me calme, ça me rassure, c'est comme une berceuse, je m'endors avec ces vibrations comme une comptine dans ma tête.

Perception physique de conflit, différente : ma mère me donne une fessée. Je me rappelle la fessée. J'ai dû comprendre pourquoi on me donnait une fessée, mais je ne m'en souviens pas. Ma mère s'en va après, elle a mal aux mains, et moi j'ai mal aux fesses. On pleure toutes les deux. Mes parents ne me frappaient jamais, donc je crois qu'elle était très en colère, mais j'ignore pourquoi. C'est mon seul souvenir de punition.

Autrement, mes rapports de conflits avec ma mère sont compliqués. Par exemple, je ne veux pas manger quelque chose. Maman dit :

« Il faut finir ton assiette. »

Moi, je ne veux pas. Alors, elle joue à faire l'avion avec la petite cuillère. Une cuillère pour papa, une pour grand-mère... je comprends très bien son histoire... une cuillère pour moi. J'ouvre la bouche et j'avale. Mais il arrive que je ne veuille pas manger. Absolument pas. Je m'engueule avec maman. La mouette est en colère. Et quand j'en ai marre, je quitte la table. Ils croient tous que je plaisante, mais non. Je fais ma valise, j'y mets les poupées, je suis vraiment en colère. Je veux partir.

La valise est une valise de poupée. Je n'y range pas mon manteau dedans, je mets les manteaux des poupées avec les poupées. Je ne sais pas pourquoi. Peut-être que les poupées sont moi, et que je veux montrer que c'est moi qui pars. Je vais dans la rue. Ma mère panique, elle me rattrape. Je fais ça quand je suis très en colère et qu'on s'est disputées. Je suis une personne, je ne peux pas toujours obéir. Il faut constamment être d'accord avec ma mère, mais moi je veux être une personne indépendante. Emmanuelle est différente. On est différentes, elle et moi.

Avec mon père je joue, on s'amuse, on rit beaucoup, mais est-ce qu'on communique vraiment ? Je ne sais pas. Lui non plus. Et il en souffre. Quand il a su que j'étais sourde, il s'est tout de suite demandé comment je ferais pour entendre la musique. En m'emmenant aux concerts, toute petite, il voulait me transmettre sa passion, ou alors il « refusait » que je sois sourde. Moi, je trouvais ça formidable. Et c'est toujours formidable, qu'il n'ait pas mis d'obstacle entre la musique et moi. J'étais heureuse d'être avec lui. Et je crois que je percevais profondément la musique ; pas avec les oreilles : avec mon corps. Mon père a longtemps gardé l'espoir de me voir m'éveiller d'un long sommeil. Comme la Belle au bois dormant. Il était convaincu que la musique allait opérer cette magie. Puisque je vibrais à la musique, et qu'il a une folie pour la musique, le classique, le jazz, les Beatles, mon père m'a emmenée au concert, et j'ai grandi en croyant que je pouvais tout partager avec lui.

Un soir, mon oncle Fifou, qui était musicien, jouait de la guitare. Je le vois, l'image est nette dans ma tête. Toute la famille écoute. Il veut me faire partager la guitare. Il me dit de mordre dans le manche. Je mords, et il se met à jouer. Je reste des heures à mordre. Je sens toutes les vibrations dans mon corps, les notes aiguës et les notes basses. La musique entre dans mon corps, elle s'installe, elle se met à jouer à l'intérieur de moi. Maman me regarde, complètement ébahie. Elle essaye de faire la même chose, mais elle ne supporte pas. Elle dit que ça lui résonne dans la tête.

Il y a encore la marque de mes dents sur la guitare de mon oncle.

J'ai eu de la chance, dans mon enfance, d'avoir la musique. Certains parents d'enfants sourds se disent que ce n'est pas la peine, ils privent l'enfant de la musique. Et certains enfants sourds se moquent de la musique. Moi, j'adore. Je sens les vibrations. Le spectacle du concert m'influence aussi. Les effets de lumière, l'ambiance, le monde dans la salle, ce sont aussi des vibrations. Je sens que l'on est tous ensemble pour la même chose. Le saxophone qui brille avec des éclairs dorés, c'est formidable. Les trompettistes qui gonflent leurs joues. Les basses. Je sens avec les pieds, avec tout le corps si je suis allongée par terre. Et j'imagine le bruit, je l'ai toujours imaginé. C'est par mon corps que je perçois la musique. Les pieds nus sur le sol, accrochés aux vibrations, c'est comme ça que je la vois, en couleurs. Le piano a des couleurs, la guitare électrique, les tambours africains. La batterie. Je vibre avec eux. Mais le violon, je ne peux pas l'attraper. Je ne peux pas le ressentir par les pieds. Le violon s'envole, ce doit être aigu comme un oiseau, comme un chant d'oiseau, c'est inattrapable. C'est une musique en hauteur, vers le ciel, pas vers la terre. Les sons en l'air doivent être aigus, les sons à terre doivent être graves. Et la musique est un arc-en-ciel de couleurs vibrantes. J'aime profondément la musique africaine. Le tam-tam, c'est une musique qui vient de la terre. Je la sens avec les pieds, avec la tête, avec le corps entier. La musique classique, j'ai du mal. C'est tellement haut dans l'air. Je ne peux pas l'attraper.

La musique est un langage au-delà des mots, universel. C'est l'art le plus beau qui soit, il réussit à faire vibrer physiquement le corps humain. C'est difficile de reconnaître la différence entre la guitare et le violon. Si je venais d'une autre planète et que je rencontre des hommes qui parlent tous de façon différente, je suis sûre que j'arriverais à les comprendre en percevant leurs sentiments. Mais le champ de la musique est très vaste, immense. Souvent, je peux m'y perdre. C'est ce qui se passe à l'intérieur du corps. Ce sont des notes qui se mettent à danser. Comme le feu d'une cheminée. Le feu qui rythme, petit, grand, petit, plus vite, plus lent... Vibration, émotion, couleurs en rythme magique.

Les voix chantées, elles, sont un mystère. Une seule fois le mystère s'est déchiré. Je ne sais pas quand, ni à quel âge. C'est encore au présent. Je vois la Callas à la télévision. Mes parents regardent et je suis assise avec eux devant l'écran. Je vois une femme forte, qui semble avoir un caractère fort. Tout d'un coup, il y a une image en gros plan, et là je ressens vraiment sa voix. En la regardant avec intensité je comprends la voix qu'elle doit avoir. J'imagine une chanson pas très gaie, mais je vois bien que la voix vient du fond, de loin, que cette femme chante avec son ventre, ses tripes. Ça me fait un effet terrible. Est-ce que j'ai vraiment entendu sa voix ? Je ne sais pas du tout. Mais j'ai vraiment ressenti une émotion. C'est la seule fois où il s'est passé quelque chose comme ça. Maria Callas m'a touchée. C'est la seule fois de ma vie où j'ai ressenti, imaginé, une voix chantée.

Les autres chanteurs ne me font rien du tout. Quand je les regarde, en clip à la télévision, je sens beaucoup de violence, beaucoup d'images qui se succèdent, on ne comprend plus rien. Je n'arrive même pas à imaginer la musique qu'il peut y avoir sur eux, tellement ça va vite. Mais il y a certains chanteurs, comme Carole Laure, Jacques Brel, Jean-Jacques Goldman, dont les paroles m'émeuvent.

Et Michael Jackson ! Quand je le vois danser, c'est un corps électrique, le rythme de la musique est électrique, je l'associe à l'image électrique, je le sens électrique.

La danse, c'est dans le corps. Adolescente, j'adorais sortir en boîte de nuit avec mes copains sourds. C'est le seul endroit où l'on peut mettre la musique à fond sans se soucier des autres. Je dansais toute la nuit, le corps collé contre les enceintes, le corps vibrant avec le rythme. Les autres, les entendants, me regardaient, étonnés. Ils devaient penser que j'étais folle.

5

CHAT BLANC, CHAT NOIR

Papa me conduisait à la maternelle, j'étais heureuse d'y aller avec lui. Puis je me retrouvais seule dans un coin, en train de faire des dessins. Le soir, avec ma mère, on refaisait beaucoup de dessins. Je me souviens aussi d'un jeu qui s'appelle la bataille. Chacun a ses couleurs. Ou bien ma mère faisait un dessin et moi je devais rajouter un œil, un nez, j'adorais ça. Il y avait des dessins partout.

Je vois aussi une salle, et un drôle de disque qui tourne, sur lequel on place une feuille de papier. Je projette des peintures de toutes les couleurs sur le papier, maman aussi, les couleurs s'éparpillent avec la vitesse du disque, au hasard. Je ne comprends pas du tout comment ça se passe. Mais c'est beau.

On regarde aussi des dessins animés à la télévision ou au cinéma. Je me souviens de *Titi et Grosminet*. Après un quart d'heure de film je pleurais, je hoquetais et je reniflais tellement que ma mère s'est inquiétée. Je voyais les autres rire des gaffes de Grosminet, moi, je ne comprenais pas pourquoi ils trouvaient ça drôle. Je souffrais beaucoup de cette cruauté des enfants. C'était injuste que Grosminet se fasse toujours prendre et qu'on l'écrase toujours contre les murs. Je voyais la chose comme ça. J'étais peut-être trop sensible, et aussi j'aimais beaucoup les chats.

J'avais un chat blanc. Pour moi, il n'avait pas de nom, ce chat. Mais j'étais très contente de l'avoir. Je le faisais sauter en l'air, je lui faisais faire l'avion. Je jouais à l'hélicoptère avec lui. Je lui tirais la queue. C'était sûrement infernal, mais le chat, lui, m'adorait. Je passais mon temps à l'emmerder, et il m'adorait encore.

Il s'est ouvert le ventre. Je ne sais pas comment, ni quand. C'était à la campagne. Papa, qui faisait ses études de médecine, s'en est occupé ; il l'a recousu, mais ça n'a pas marché. Le chat est mort. J'ai demandé ce qui se passait. Mon père a dit : « C'est fini. » Ça voulait dire qu'il avait disparu, qu'il était parti. Que je ne le reverrais plus.

Je ne savais pas ce que voulait dire la mort. Les jours qui ont suivi, j'ai continué à demander où était le chat. On m'a expliqué encore que c'était fini, et qu'il ne reviendrait plus jamais. « Jamais », je ne comprenais pas. « Mort » non plus. Je ne comprenais qu'une seule chose finalement : mort, c'était fini, c'était terminé. Je pensais que les grandes personnes étaient immortelles. Les grandes personnes partaient et revenaient. Elles ne finissaient jamais, donc.

Mais pas moi. J'allais « partir ». Comme le chat. Je ne me voyais pas devenir grande. Je me voyais rester toute petite. Toute ma vie. Je me croyais limitée à mon état présent. Et surtout, je me croyais unique, seule au monde. Emmanuelle est sourde, personne d'autre ne l'est. Emmanuelle est différente, Emmanuelle ne sera jamais grande.

Je ne pouvais pas communiquer comme les autres, donc je ne pouvais pas être comme les autres, les grandes personnes qui entendent. Donc j'allais « finir ». Et, à certains moments, quand je n'arrivais pas du tout à communiquer, à dire tout ce que j'avais envie de demander, de comprendre, ou quand il n'y avait pas de réponse, là je pensais à la mort. J'avais peur. Je sais maintenant pourquoi : je n'avais jamais vu d'adultes sourds. Je n'avais vu que des enfants sourds, dans la classe spécialisée de la maternelle où j'étais. Donc, dans mon esprit, les enfants sourds ne grandissaient jamais. On allait tous mourir, comme ça, tout petits. Je crois même que j'ignorais que les entendants avaient été petits ! Il n'y avait aucune référence possible.

Quand j'ai vu que le chat n'était plus là, qu'il était « parti », j'ai vraiment essayé de comprendre, de toutes mes forces. Je voulais absolument le revoir, ce chat, pour comprendre. Voir, puisque seuls mes yeux me faisaient comprendre les choses. On ne m'a pas montré le chat mort. Je suis restée avec l'idée de « parti ». C'était trop compliqué.

Quand ma petite sœur est née, il y a eu un autre chat. Noir. On lui a donné un nom, il s'appelait « Bobine ». C'est mon père qui avait choisi le nom, en souvenir du « Fort-Da » de Freud, disait-il. Il jouait tout le temps avec les bobines de fil. Il savait que j'étais sourde. Et moi, je savais qu'il savait. C'était évident. Quand Bobine avait faim, il appelait ma mère, il miaulait derrière elle, il lui tournait autour, il échappait à son regard, mais elle l'entendait, bien sûr. Au début, il avait essayé avec moi, il a compris que je ne répondais pas, et ça l'énervait. Alors, il s'est mis juste devant ma tête pour me miauler à la figure. C'était clair : il avait compris qu'il fallait plonger ses beaux yeux verts dans les miens pour se faire entendre. J'avais envie de communiquer avec lui. Quelquefois, j'étais sur le lit, et il m'attrapait les pieds pour jouer. J'avais envie de lui dire qu'il était « chiant ». J'essayais avec des gestes, je disais : « Arrête, tu m'embêtes. » Mais ça ne marchait pas. Je comprenais quand il était en colère : là, il ne me répondait pas. Une statue chat.

Quand j'ai vu *Titi et Grosminet*, toute cette violence contre le pauvre chat, j'ai eu horreur de Titi. Il était à l'aise, lui, il taquinait le chat ; le pauvre minou, lui, ne comprenait rien et en prenait plein la tête. C'est un naïf. Titi est un salopard.

Je cherche une indépendance difficile dans ce monde difficile. J'arrive mal à prononcer ce mot, difficile. Je dis :

« C'est tiffiti. »

C'est « tiffiti » de dire « tiffiti ».

C'est « tiffiti » d'exister par moi-même, sans ma mère. Je tente l'aventure de faire des choses sans l'aide de mon cordon ombilical. Toute seule, pour m'ennuyer un peu moins. J'ai quel âge ? Cette aventure est avant ou après la mort du chat ? Je ne sais pas. J'ai dit :

« Je vais aller toute seule aux toilettes. »

En fait, je ne l'ai pas dit à ma mère. C'est une phrase que je me suis dite dans la tête. Habituellement, pour faire ça, j'appelle toujours ma mère. Mais nous sommes chez des amis, elle est occupée à bavarder, elle ne s'occupe pas de moi, je vais donc me débrouiller toute seule.

J'entre dans le cabinet de toilette, je m'enferme au verrou comme une grande. Impossible de ressortir. J'ai peut-être coincé le verrou, j'ai mal fermé, je ne sais pas. Je me mets à hurler, hurler, je frappe contre la porte. Enfermée, ne plus pouvoir sortir : l'angoisse. Ma mère est là, derrière la porte ; elle a entendu les coups, mais je ne le sais pas, bien sûr.

Tout d'un coup, la communication est complètement coupée. Il y a vraiment un mur entre ma mère et moi. C'est effrayant.

Je suis sûre que maman essaye de me rassurer, elle a dû dire : « Ne t'inquiète pas, reste calme. » Mais, à ce moment-là, je ne peux pas l'entendre, puisque je ne la vois pas. Et je crois, moi, qu'elle est restée à bavarder avec son amie. Que je suis seule. J'ai une peur épouvantable. Je vais rester toute ma vie enfermée dans cette petite pièce, à hurler dans le silence !

Finalement je vois un papier glisser sous la porte. Maman a fait un dessin, puisque je ne sais pas lire. Il y a l'image d'un enfant qui pleure, qu'elle a rayé. A côté, l'image d'un enfant qui rit. Je comprends qu'elle est derrière la porte et qu'elle me dit de sourire, que tout va bien. Mais elle n'a pas dessiné qu'elle ouvrait cette porte. Elle a dit que je dois rire, et ne pas pleurer. Et je suis toujours paniquée. Je sens que je crie. Je sens les vibrations des cordes vocales. Si j'émets un son aigu, les cordes vocales ne vibrent pas du tout. Mais quand j'utilise le grave, quand je crie, je sens les vibrations. J'ai vibré à en perdre le souffle.

Avant qu'un serrurier arrive à ouvrir cette porte, ce mur qui m'isolait de ma mère, j'ai dû crier longtemps, comme une mouette en colère dans la tempête.

6

« TIFFITI »

Tout est difficile, la moindre des choses simples pour un enfant entendant était une difficulté pour moi.

Ma scolarité à la maternelle, dans une classe d'intégration pour enfant sourd. Mes premiers copains. Ma vie sociale a commencé là.

L'orthophoniste a réussi à me faire prononcer quelques mots audibles. Je commence à m'exprimer avec un mélange d'oralisation et de gestuelle à ma manière. Maman dit : « Jusqu'à deux ans tu es allée dans un centre de rééducation, situé juste au-dessus d'une consultation pour les maladies vénériennes. Ça me mettait en colère. Surdité : maladie honteuse ? Ensuite, nous t'avons mise dans cette maternelle de quartier. Un jour, je suis venue te chercher, la maîtresse racontait des histoires aux enfants, pour l'apprentissage du langage. Tu étais dans un coin, seule, assise à une table, pas du tout concernée, en train de dessiner. Tu n'avais pas l'air très heureuse. »

Pas de souvenir particulier de cette époque. Je dessine, c'est vrai. Les dessins sont importants pour moi, ils remplacent la communication. Je peux exprimer un peu de ce qui remplit ma tête de questions sans réponses. Mais cette maternelle, avec sa classe dite d'intégration, je l'ai oubliée. Ou je préfère l'oublier. C'est vraiment de l'intégration, tous ces gosses assis en rond autour d'une maîtresse qui leur raconte une histoire ?

Qu'est-ce que je fais là, toute seule, devant mes dessins ? Qu'est-ce qu'on m'apprend ? A mon avis, rien. Ça sert à quoi ? Ça fait plaisir à qui ? Je joue dans la cour de récréation à la corde à sauter.

J'ai quelques images. Une en particulier. Une détresse d'enfant. Mon père vient me chercher. Je suis en train de me laver les mains au robinet de la cour. Il dit :

« Dépêche-toi, on s'en va. »

Je ne sais pas comment il a dit ça, comment il a fait pour me communiquer l'information de se dépêcher pour partir, mais je l'ai sentie. Il m'a peut-être poussée un peu, il devait avoir l'air pressé, il n'était pas calme. En tout cas, j'ai deviné la situation à son comportement : « Pas beaucoup de temps. » Moi, je veux lui faire comprendre une autre situation, celle qui dit : « Je n'ai pas fini de me laver les mains. » Et tout à coup, il n'est plus là. Je pleure à chaudes larmes. Il y a un malentendu. Nous ne nous sommes pas compris. Il est parti, il a disparu et je suis là, toute seule, à pleurer. Pleurer sur l'incompréhension entre nous ou d'être seule ? Ou parce qu'il a disparu ? Je pleure plutôt sur le malentendu, je crois.

Cette petite scène est symbolique du malentendu presque permanent entre eux et nous, les entendants et les sourds. Je ne peux comprendre une information que si je la visualise. Pour moi, c'est une scène dans laquelle je mêle les sensations physiques et l'observation du mime. Si la situation est rapidement exprimée, j'ai du mal à être certaine de l'avoir comprise. Mais j'essaye d'y répondre sur le même rythme. Mon père, ce jour-là, devant le robinet où je me lave les mains, n'a pas compris ma réponse. Ou c'est moi qui ai mal compris. Et la sanction de cette incompréhension, c'est qu'il est parti !

Bien sûr, il est revenu me chercher, au bout d'un temps que je ne peux pas définir, mais qui est un temps de solitude et de désespoir. Ensuite, je n'ai pas pu lui expliquer mes larmes. Car à la suite d'une situation incomprise, tout se complique. Une autre situation s'installe, encore plus difficile à raccrocher à la précédente.

Étrange, cette image. Je ne sais pas si c'est un souvenir réel ou si je l'ai imaginée. Elle est cependant le symbole, frappant, de mes difficultés de communication avec mon père, à cette époque.

« Tiffiti » est un mot d'enfance qui est né de cette difficulté. Un jour, je dois être plus grande, nous sommes seuls, lui et moi. Il fait cuire de la viande. Il veut savoir si je la veux très cuite, pas trop cuite... Je vois qu'il essaye de m'expliquer la différence entre le cuit et le cru, et, à l'aide du radiateur, entre le chaud et le froid. Je comprends chaud et froid, mais pas cuit ou cru. Ça dure longtemps. Finalement, il se met en colère et cuit les deux morceaux de viande de la même façon.

Une autre fois, à un autre âge, il regarde la télévision. L'un des personnages du film s'appelle Laborie, comme nous, mais avec « e ». Il s'acharne sur des morceaux de papiers à m'expliquer la différence entre le « t » de notre nom et le « e » de celui du personnage. C'est incompréhensible, et je lui réponds sans cesse :

« C'est tiffiti. C'est tiffiti. » Il ne comprend pas ce que j'oralise, et, à bout de force, nous laissons tomber tous les deux, en attendant que ma mère revienne. Là, il lui demande ce que je voulais dire, et elle éclate de rire :

« C'est difficile ! »

Or, c'était aussi « tiffiti » pour lui que pour moi, et il le supportait mal. Au fond, moi aussi. L'enfance d'un sourd, c'est encore plus de vulnérabilité. Encore plus de sensibilité que pour un autre enfant. Je sais que je suis souvent passée de la colère au rire.

Colère, quand, par exemple, à table, personne ne s'occupe de communiquer avec moi. Je tape sur la table, avec violence. Je veux « parler ». Je veux comprendre ce qu'on dit. J'en ai marre d'être prisonnière de ce silence qu'ils ne cherchent pas à rompre. Je fais des efforts tout le temps, eux pas assez. Les entendants ne font pas assez d'efforts. Je leur en veux.

Je me souviens d'une question dans ma tête : comment font-ils pour se comprendre quand ils ont le dos tourné ? C'est « tiffiti » pour moi de réaliser qu'une communication est possible sans que les visages soient face à face. Moi, je ne peux comprendre qu'en face à face. Je ne peux appeler quelqu'un qu'en le tirant par un bout. Une manche, le bas d'une robe, ou d'un pantalon. En faisant cela, je veux dire : « Regarde-moi, montre ton visage, tes yeux, que je comprenne. »

Voir. Sans voir, je suis perdue. Il me faut l'expression du regard, les mouvements de la bouche.

J'appelle aussi avec ma voix. J'appelle mon père quand il joue du piano. Je hurle « papa, papa », pour qu'il me regarde enfin. Mais pour lui dire quoi ? Je ne sais pas.

Je « tape » aussi. Je « tape » sur ma mère, je lui tourne la tête de force vers moi.

Quand le docteur vient, il cherche l'endroit où je peux avoir mal, il appuie, jusqu'à ce que je hurle. C'est comme ça que ça marche, ma communication enfantine avec le docteur, quand je suis malade.

Je fais beaucoup de choses en cachette. Je fais mes expériences, en somme.

J'adore le sirop. Je finis toutes les bouteilles en cachette, et ça me rend malade. On ne m'a pas dit que le sirop est mauvais. Comment comprendre qu'il est mauvais, alors que c'est sucré, que c'est bon, et que ça sert à ne plus avoir mal puisque c'est le docteur qui le donne ?

J'adore le « tautiton ». Je le vole aussi, je le cache dans mon placard, entre les piles de linge, n'importe où. Des bouts de saucisson, mordus à belles dents, qui sentent et alertent ma mère. Le saucisson, c'est mon sucre d'orge d'enfance.

J'ai peut-être cinq ans, six ans. Maintenant, je vais à l'école avec des enfants sourds. La maîtresse sait que je suis sourde, Je ne suis pas isolée. J'apprends à compter avec des dominos. J'apprends les lettres de l'alphabet, je fais de la peinture. C'est un plaisir d'aller à l'école, maintenant.

J'ai un petit copain sourd, qui vient jouer à la maison. On nous met dans une chambre. La communication est plus facile entre nous deux. Nous avons des signes et des mimiques personnels.

Nous jouons avec le feu, avec des bougies. Parce que c'est défendu. J'aime expérimenter ce qui est défendu.

On regarde *Goldorak* et on le mime, on joue avec les poupées, on se dispute en gigotant.

Je regarde beaucoup mes parents vivre, et j'essaye de retrouver cela dans mes jeux. Moi, je joue le rôle de la mère responsable de la maison. La dînette, la cuisine. Lui, il est là pour s'occuper des enfants, les poupées. Il rentre du travail. Nous mimons :

« Toi, tu fais ça. Moi, je fais ça.

— Non. Moi je fais ça. »

On se dispute encore, c'est le jeu.

Comprendre la différence entre une femme et un homme, ça aussi c'est « tiffiti ». J'ai bien vu que ma mère a des seins et que mon père n'en a pas. Ils sont habillés différemment, l'un est maman, l'autre papa. Mais à part ça ? Je veux savoir aussi la différence entre mon copain et moi.

Nous sommes en vacances en Provence, à Lurs. Nous jouons dans l'eau tous les deux, et comme nous sommes petits, nous n'avons pas de maillots. La différence est donc visible entre lui et moi. Je trouve ça rigolo. C'est simple, j'ai compris : nous sommes deux enfants sourds, mais pas complètement pareils.

Moi, je suis pareille à ma mère, mais elle entend, et moi pas. Elle est grande, et je ne deviendrai pas grande. Mon petit copain et moi, nous serons bientôt « terminés ». C'est l'époque où nous n'avons pas encore vu d'adultes sourds, et il nous est impossible de penser que l'on devient grand en étant sourd. Aucune référence, aucune comparaison ne le permet. Donc nous allons « partir », être « terminés » bientôt. Mourir, en fait.

Et quand je mourrai, je pense que mon « âme »

ira dans le corps d'un autre bébé, mais que ce bébé sera entendant. Sur cette mutation étrange, je n'ai pas d'explication. Comment je sais que j'ai une âme ? Qu'est-ce que j'appelle une âme à cet âge ?

Je l'ai compris à ma façon en voyant un dessin animé à la télévision. C'est l'histoire d'une petite fille. Sur les images, on ne voit plus ses parents pendant longtemps. Alors, pour moi, ils sont partis, comme est parti le chat blanc... Partir égale mort. Je crois donc qu'ils sont morts. Puis la petite fille retrouve ses parents. Ce sont les mêmes personnes qu'au début, évidemment ; elle les avait perdus, tout simplement. Mais moi, je me suis raconté une autre histoire : les parents sont revenus de la mort et ont intégré un autre corps. C'est cela que j'appelle une âme : « partir et revenir ». C'est ça une âme, quelque chose que l'on a ou que l'on est, qui part et qui revient.

A cinq ou six ans, l'apprentissage des concepts est déjà difficile pour une enfant entendante ; pour moi, il ne peut se fonder que sur des images vues. La conséquence de cela est que lorsque je serai « terminée », partie à mon tour, mon petit copain aussi, nos âmes reviendront dans les corps d'autres bébés. Mais eux, ils entendront. Et si je décide dans ma tête d'enfant sourd que l'autre enfant qui va prendre ma place entendra, c'est peut-être qu'à cet âge, je souffre de ne pas entendre. Que je n'ai pas encore de langage libérateur.

J'ai dû mélanger la disparition du chat blanc et ce dessin animé pour me faire une idée de la mort.

J'ai dû demander à mon petit copain de me montrer sa zigounette, à la plage, pour faire la différence entre les papas et les mamans. En cela, il n'y a pas, je crois, de grande différence avec les autres enfants entendants.

C'est « tiffiti » de comprendre le monde, mais on se débrouille.

La différence principale, à cet âge d'avant le langage des signes, tient pour moi en deux éléments : la nécessité absolue de voir pour entendre. Entendre dans le sens ancien de comprendre. Et une fois qu'on a vu, l'impossibilité momentanée de voir autrement. Qu'il y ait deux situations possibles à partir d'un même élément visuel n'est pas évident. Par exemple, j'aime beaucoup mes grands-parents maternels. La communication n'était pas facile, mais ils se sont beaucoup occupés de moi quand j'avais l'âge de la maternelle. Si je cherche ma première image souvenir à propos d'eux, c'est un chien !

Ce chien est-il dans mon souvenir avant la mort du chat blanc ? Après ? En tout cas, c'est une situation souvenir associée aux grands-parents et à la compréhension forcée de deux définitions d'entendants d'une situation muette pour moi.

Première situation : ce chien, un gros Bas rouge, est là avec son maître. Il est gentil, je peux caresser le chien.

Deuxième situation : le maître est parti travailler, le chien est seul dans la voiture. Je m'approche de la voiture, j'ouvre la porte, il m'aboie à la figure, il montre les crocs. Je suis terrifiée. Avant, je l'ai caressé, maintenant il veut me mordre ! Je ne pouvais pas, alors, imaginer deux comportements différents sur une même image d'animal. Lors de la première situation, on ne m'a pas expliqué les concepts « gentil ou méchant » à propos du chien.

Je sens le danger, je cours, le chien me court

après, il me mord à l'épaule et je tombe. Mon père arrive, le chien s'enfuit.

Mon père veut me faire une piqûre. Je ne veux pas de piqûre, ça me terrorise. Ma mère sait que j'ai peur de ça, elle veut me rassurer. Au-dessus de ma tête, ils sont tous les deux à gesticuler, un qui veut la piqûre, l'autre qui me rassure. Une discussion entre eux, dont je ne perçois que la menace de cette affreuse piqûre. Je voudrais me sauver chez mes grands-parents. Ils sont l'image de la protection totale. Je cherche un refuge que j'aime. (J'ai eu la piqûre quand même.)

Ce réflexe de fuite, je l'ai chaque fois que l'on veut m'imposer quelque chose, ou que je ne comprends pas. Qu'il s'agisse de finir mon assiette de soupe, d'une piqûre, d'une contrainte quelconque, je réagis comme je peux, puisque je n'ai pas la parole. Une action me sert de discours. Je dois en vérité dire que, à ce comportement de fuite devant un ordre, se mêle mon caractère personnel. Je suis indépendante, volontaire et obstinée. La solitude du silence l'a peut-être accentué. C'est « tiffiti » à dire...

JE M'APPELLE « JE »

On m'a appris à dire mon nom à l'école. Emmanuelle. Mais Emmanuelle est un peu une personne extérieure à moi. Ou un double. Quand je parle pour moi, je dis :

« Emmanuelle t'entend pas... »

« Emmanuelle a fait ceci, ou cela... »

Je porte en moi Emmanuelle sourde, et j'essaye de parler pour elle, comme si nous étions deux.

Je sais dire aussi quelques autres mots, certains que j'arrive à prononcer à peu près bien, d'autres pas. La méthode orthophonique consiste à poser sa main sur la gorge du rééducateur pour sentir les vibrations de la prononciation. On apprend les *r*, le *r* vibre comme « ra ». On apprend les *f*; les *ch*. Le *ch* me pose un problème, ça ne marche jamais. De consonne en voyelle, surtout les consonnes, on passe aux mots entiers. On répète le même mot pendant des heures. J'imite ce que je vois sur les lèvres, la main posée sur le cou de l'orthophoniste ; je travaille comme un petit singe.

Chaque fois qu'un mot est prononcé, une fréquence s'inscrit sur l'écran d'un appareil. Des petites lignes vertes, comme celles d'un électrocardiogramme dans les hôpitaux, dansent devant mes yeux. Il faut suivre les petites lignes, qui montent et qui descendent, s'étalent, sautent et retombent.

Qu'est-ce qu'un mot, sur cet écran, pour moi ? Un effort à faire pour que ma petite ligne verte parvienne à la même hauteur que celle de l'orthophoniste. C'est fatigant, et l'on répète un mot après l'autre, sans rien comprendre au mot. Un exercice de gorge. Une méthode de perroquet.

Les sourds ne parviennent pas tous à articuler, c'est un mensonge d'affirmer le contraire. Et lorsqu'ils y parviennent, l'expression reste limitée.

Je vais avoir sept ans à la prochaine rentrée, et je suis du niveau d'une maternelle. Mais mon existence, l'univers restreint dans lequel j'évolue la plupart du temps en silence vont éclater d'un seul coup.

Mon père a entendu quelque chose à la radio. Ce quelque chose est un miracle à venir dont je ne me doute pas encore. La radio est un objet mystérieux qui parle aux entendants, et dont je ne m'occupe pas. Mais ce jour-là, sur France-Culture, a dit papa, c'est un sourd qui s'exprime !

Mon père a expliqué à ma mère que cet homme, acteur et metteur en scène, Alfredo Corrado, parle silencieusement le langage des signes. C'est une langue à part entière, qui se parle dans l'espace, avec les mains, l'expression du visage, du corps !

Un interprète, américain lui aussi, traduit à voix haute, en français, pour les auditeurs. Cet homme dit qu'il a créé en 1976 l'International Visual Theatre (IVT), le théâtre des sourds de Vincennes. Alfredo Corrado travaille aux États-Unis. Il existe à Washington une université, l'université Gallaudet, réservée aux sourds, et il a fait là-bas des études universitaires.

Mon père est sous le choc. Un sourd capable de faire des études universitaires, alors qu'en France ils parviennent péniblement à la première classe du secondaire !

Et il est à la fois fou de joie et de rage.

De rage, parce qu'en qualité de médecin il a fait confiance à ses collègues. Les pédiatres, les ORL, les orthophonistes, tous les pédagogues lui ont affirmé que seul l'apprentissage du langage parlé pouvait m'aider à sortir de l'isolement. Mais personne ne lui a donné d'informations sur le langage des signes. C'est la première fois qu'il en entend parler, et, qui plus est, par un sourd !

De joie, parce qu'à Vincennes, près de Paris, se trouve peut-être, sûrement, une solution pour moi ! Il veut m'y emmener. Il souffre trop de ne pas pouvoir parler avec moi, il est prêt à tenter l'expérience.

Maman dit qu'elle ne veut pas l'accompagner. Elle a peur d'être perturbée, peut-être d'être déçue aussi. Sur le point d'accoucher, elle va laisser mon père m'emmener à Vincennes. Elle sent que l'enfant qu'elle porte maintenant n'est pas sourd. Elle sent la différence entre ce bébé encore caché dans son ventre et moi. Ce bébé-là bouge beaucoup, réagit aux bruits extérieurs. Moi, je dormais trop tranquillement, à l'abri du vacarme. L'arrivée du deuxième enfant de la famille, presque sept ans après moi, est sa première préoccupation pour l'instant. Elle a besoin de calme, de penser un peu à elle. Je comprends que l'émotion liée à cet espoir nouveau soit trop violente pour elle ; elle craint une déception nouvelle. Et puis nous avons, elle et moi, notre système de communication compliqué, celui que j'appelle « ombilical ». Nous y sommes habituées. Mon père, lui, n'a rien. Il sait que je suis faite pour communiquer avec les autres, que j'en ai très envie, tout le temps. Cette possibilité qui lui tombe du ciel par la radio l'enthousiasme.

Je crois que c'est la première fois qu'il a accepté réellement ma surdité, en m'offrant ce cadeau inestimable. Et en se l'offrant à lui-même, car il voulait désespérément communiquer avec moi.

Évidemment, moi, je ne comprends rien, je ne sais pas ce qui se passe. Mon père a le visage perturbé, c'est mon seul souvenir de ce jour émouvant pour lui, et formidable pour moi : la radio et son visage.

Le lendemain, il m'emmène au château de Vincennes. Je revois quelques images de ce jour-là.

Nous montons des escaliers, dans la tour du village. Nous entrons dans une grande pièce. Mon père discute avec deux entendants. Deux adultes qui ne portent pas d'appareils, donc, pour moi, qui ne sont pas sourds. Je n'identifie les sourds, à cette époque, qu'à leurs appareils. Or, l'un est sourd, l'autre pas. L'un s'appelle Alfredo Corrado, l'autre s'appelle Bill Moody, c'est un entendant interprète de la langue des signes.

Je vois Alfredo et Bill faire des signes entre eux, je vois que mon père comprend Bill, puisque Bill parle. Mais ces signes ne veulent rien dire pour moi, ils sont étonnants, rapides, compliqués. Le code simpliste que j'ai inventé avec ma mère est à base de mimes et de quelques mots oralisés. C'est la première fois que je vois ça. Je regarde ces deux hommes bouche bée. Des mains, des doigts qui bougent, le corps aussi, et l'expression des visages. C'est beau, c'est fascinant.

Qui est sourd ? Qui est entendant ? Mystère. Puis je me dis : « Tiens, c'est un entendant qui discute avec les mains. »

Alfredo Corrado est un bel homme, grand, le

style italien, les cheveux très noirs, un corps fin. Le visage est un peu sévère, il porte une moustache. Bill a des cheveux mi-longs, raides, des yeux bleus, une « bonne bouille ». C'est quelqu'un de rond, de sympathique. Ils semblent avoir tous les deux le même âge que mon père.

Il y a là aussi Jean Grémion, directeur et fondateur du centre social et culturel des sourds, qui nous accueille.

Alfredo vient devant moi et me dit :

« Je suis sourd, comme toi, et je signe. C'est ma langue. »

Je mime :

« Pourquoi tu n'as pas d'appareil sur les oreilles ? »

Il sourit, il est clair, pour lui, qu'un sourd n'a pas besoin d'appareil. Alors que cet appareil représente pour moi un repère visible.

Alfredo est donc sourd, sans appareil, et, de plus, il est adulte. Je crois que j'ai mis un peu de temps à comprendre cette triple étrangeté.

Par contre, ce que j'ai compris immédiatement, c'est que je n'étais pas seule au monde. Une révélation choc. Un éblouissement. Moi qui me croyais unique et destinée à mourir enfant, comme l'imaginent beaucoup d'enfants sourds, j'ai découvert que j'avais un avenir possible, puisque Alfredo était adulte et sourd !

Cette logique cruelle dure tant que les enfants sourds n'ont pas rencontré d'adulte sourd. Ils ont besoin de cette identification à l'adulte, un besoin crucial. Il faut convaincre tous les parents d'enfants sourds de les mettre en contact le plus vite possible avec des adultes sourds, dès la naissance. Il faut que les deux mondes se mêlent, celui du bruit et celui du silence. Le développement psychologique de l'enfant sourd se fera plus vite et bien mieux. Il se construira débarrassé de cette solitude angoissante d'être seul au monde, sans pensée construite et sans avenir.

Imaginez que vous ayez un petit chat à qui vous ne montrerez jamais de chat adulte. Il va peut-être se prendre pour un petit chat éternellement. Imaginez que ce petit chat ne vive qu'avec des chiens. Il va se croire chat unique. Il va s'épuiser à essayer de communiquer en chien. Il arrivera à faire passer quelques mimiques dans la tête des chiens : manger, boire, peur et tendresse, soumission ou agressivité. Mais il serait tellement plus heureux et équilibré avec tous les siens, petits et grands. En parlant chat !

Or, dans la technique d'oralisation que l'on avait imposée à mes parents dès le début, je n'avais aucune chance de rencontrer un adulte sourd, avec lequel m'identifier, puisqu'on le leur avait déconseillé. Je n'avais affaire qu'à des entendants.

Ce premier rendez-vous, stupéfiant, où je suis restée bouche bée à regarder s'agiter des mains, ne m'a pas laissé un souvenir très précis. J'ignore ce qui s'y est dit entre mon père et les deux hommes. Il n'y avait que la stupéfaction de voir mon père comprendre ce que disaient les mains d'Alfredo et la bouche de Bill. J'ignorais encore, ce jour-là, que j'allais accéder à une langue grâce à eux. Mais j'ai emporté dans ma tête la révélation formidable qu'Emmanuelle pouvait devenir grande ! Ça, je l'avais vu de mes yeux.

La semaine suivante, mon père me ramène à Vincennes. Il s'agit d'un « atelier de communication parents-enfants ». Il y a beaucoup de parents.

Alfredo commence à travailler avec les enfants, qu'il a fait installer en rond autour de lui. Il montre des signes, et les parents regardent pour apprendre en même temps. Je me souviens de signes simples, par exemple : « maison », « manger », « boire », « dormir », « table ».

Sur les feuilles d'un tableau, il dessine une maison et nous montre le signe qui lui correspond. Ensuite, il dessine un personnage adulte, en nous disant :

« C'est ton papa, tu es la fille de ton papa ; c'est ta maman, tu es la fille de ta maman. »

Il montre aussi quelqu'un cherchant quelque chose. Par le mime d'abord, le signe ensuite. Et il me demande :

« Où est maman ? »

Je signe :

« Maman est ailleurs. »

Alors il me corrige.

« Maman est où ? Maman est à la maison. Fais-moi le signe de maman et de la maison. »

Une phrase complète : « Maman est à la maison. » A sept ans, j'exprime enfin, avec mes deux mains, l'identification de ma mère et le lieu où elle se trouve !

Les yeux dans les yeux avec Alfredo, je répète de mes deux mains joyeuses : « Maman est à la maison. »

Les premiers jours, j'apprends les mots de la vie courante, ensuite les prénoms des personnes. Lui c'est Alfredo, moi Emmanuelle. Un signe pour lui, un signe pour moi.

Emmanuelle : « Le soleil qui part du cœur. » Emmanuelle pour les entendants, le soleil qui part du cœur pour les sourds.

C'est la première fois que j'apprends que l'on

peut donner un nom aux gens. Ça aussi, c'est formidable. Je ne savais pas qui avait un prénom dans ma famille, à part papa et maman. Je rencontrais des gens, des amis de mes parents, des membres de la famille, mais ils n'avaient aucun nom pour moi, aucune définition. J'étais si surprise de découvrir que lui s'appelait Alfredo, l'autre Bill... Et moi, surtout, moi, Emmanuelle. Je comprenais enfin que j'avais une identité. JE : Emmanuelle.

Jusque-là, je parlais de moi comme de quelqu'un d'autre, une personne qui n'était pas « je ». On disait toujours : « Emmanuelle est sourde. » C'était : « Elle t'entend pas, elle t'entend pas. » Il n'y avait pas de « je ». J'étais « elle ».

Pour ceux qui sont nés avec leur prénom dans la tête, un prénom que maman et papa ont répété, qui ont l'habitude de tourner la tête à l'appel de leur prénom, c'est peut-être difficile de me comprendre. Leur identité leur est donnée à la naissance. Ils n'ont pas besoin d'y réfléchir, ne se posent pas de questions sur eux-mêmes. Ils sont « je », ils sont « moi, je », naturellement, sans effort. Ils se connaissent, ils s'identifient, ils se présentent aux autres avec un symbole qui les représente. Mais Emmanuelle sourde ne savait pas qu'elle était « je », qu'elle était « moi ». Elle l'a découvert avec le langage des signes, et maintenant elle le sait. Emmanuelle peut dire : « Je m'appelle Emmanuelle. »

Cette découverte est un bonheur. Emmanuelle n'est plus ce double dont il fallait que j'explique péniblement les besoins, les envies, les refus, les angoisses. Je découvre le monde qui m'entoure, et moi au milieu du monde.

C'est à partir de ce moment aussi que, en fréquentant régulièrement des adultes sourds, j'ai complètement cessé de croire que j'allais mourir. Je n'y ai plus pensé du tout. Et c'est mon père qui m'a offert ce cadeau magnifique.

C'est une nouvelle naissance, la vie qui commence. Un premier mur qui tombe. J'en ai encore d'autres autour de moi, mais la première brèche de ma prison est ouverte, je vais comprendre le monde avec les yeux et les mains. Je le devine déjà. Et je suis si impatiente !

Devant moi, il y a cet homme merveilleux qui m'apprend le monde. Les noms des gens et des choses ; il y a un signe pour Bill, un pour Alfredo, un pour Jacques, mon père, pour ma mère, pour ma sœur, pour la maison, la table, le chat... Je vais vivre ! Et j'ai tant de questions à poser. Tant et tant. Je suis avide, assoiffée de réponses, puisqu'on peut me répondre !

Au début, je mélange tous les moyens de communication. Les mots qui sortent oralement, les signes, le mime. Je suis un peu perturbée, troublée. Cette langue des signes me tombe dessus subitement, on me la donne à sept ans, il faut que je m'organise, que je fasse le tri de toutes les informations qui arrivent. Et elles sont considérables. A partir du moment où l'on peut dire, par exemple, avec ses mains, dans un langage académique et construit : « Je m'appelle Emmanuelle. J'ai faim. Maman est à la maison, papa est avec moi. Mon copain s'appelle Jules, mon chat s'appelle Bobine... » A partir de là, on est un être humain communicant, capable de se construire.

Je n'ai pas appris en deux jours, bien sûr. A la maison, je continue à utiliser un peu du code maternel, en y mélangeant les signes. Je me souviens qu'on me comprenait, mais je ne me rappelle pas la première phrase que j'ai signée et que l'on a comprise.

Petit à petit, j'ai rangé les choses dans ma tête et j'ai commencé à me construire une pensée, une réflexion organisée. A communiquer avec mon père, surtout.

Puis ma mère nous rejoint à Vincennes. Elle va sortir, elle aussi, du tunnel dans lequel on a enfermé mes parents à ma naissance en leur donnant de fausses informations et de faux espoirs. Choc pour ma mère. Lieu de rencontres de sourds. Lieu de vie, de création, d'enseignement pour les sourds. Lieu de rencontres avec des parents englués dans les mêmes difficultés, avec des professionnels de la surdité, qui remettent en cause les informations et les pratiques du corps médical. Car eux ont décidé d'enseigner une langue. La langue des signes. Pas un code, pas un jargon ; non, une vraie langue.

En se souvenant de Vincennes la première fois, maman dit :

« J'ai eu terriblement peur. J'étais confrontée à la réalité. C'était comme un second diagnostic. Tous ces gens étaient chaleureux, mais j'ai écouté le récit de leurs souffrances d'enfants, l'isolement terrible dans lequel ils avaient vécu avant. Leurs difficultés d'adultes, leurs combats permanents. J'en ai vomi. Je m'étais trompée. On m'avait trompée en me disant : "Avec la rééducation et l'appareillage, elle parlera..." »

Mon père dit :

« C'est tout juste si, à l'époque, je n'ai pas entendu, ou voulu entendre "un jour, elle ENTEN-DRA". »

Vincennes, c'est un autre monde, celui de la réalité des sourds, sans indulgence inutile, mais aussi celui de l'espoir des sourds. Bien sûr, le sourd arrive à parler, bien ou mal, mais ce n'est jamais qu'une technique incomplète pour beaucoup d'entre nous, les sourds profonds. Avec la langue des signes, plus l'oralisation et la volonté dévorante de communiquer que je sentais en moi, j'allais faire maintenant des progrès inouïs.

Le premier, l'immense progrès en sept ans d'existence, venait d'être accompli : je m'appelle « JE ».

8

MARIE, MARIE...

A la naissance de ma petite sœur, j'ai demandé son prénom. Marie.

Marie, Marie, j'ai du mal à le mémoriser. J'ai décidé de l'écrire sur un papier, plusieurs fois, comme on fait des lignes à l'école. Souvent, je reviens voir ma mère pour lui redemander le nom de ma petite sœur, pour être sûre... Et je le répète : Ma-rie, Ma-rie, Ma-rie...

Je suis moi, Emmanuelle ; elle est elle, Marie.

Marie, Marie, Marie...

« Elle s'appelle comment déjà ? »

Je l'ai écrit plus de cent fois, lettre après lettre, pour bien me souvenir visuellement. Mais le prononcer est encore trop difficile pour moi. Je peine à oraliser son nom.

Mon père m'emmène à l'hôpital voir la petite sœur. J'ai horreur de l'hôpital. J'ai vu maman faire des prises de sang quand elle était enceinte, j'ai eu tellement peur que je me suis cachée sous le lit. Encore maintenant j'ai du mal à supporter la vue du sang. Et j'ai horreur des piqûres. Hôpital égale piqûre et sang... Hôpital égale lieu de menaces.

Ma sœur est dans une couveuse. Elle n'est pas prématurée, mais comme il n'y a pas de chauffage dans l'hôpital, on l'a mise là, avec d'autres, simplement pour qu'elle n'ait pas froid.

Je ne sais pas si j'étais contente quand je l'ai vue. C'est une image mystère. Je vois la couveuse, et une toute petite chose dedans. C'est difficile d'imaginer quelque chose à propos d'elle, derrière ce plastique. Je ne sais plus très bien, mais mes sentiments ne sont pas clairs à ce moment-là. Je me demande : « On est pareilles ? »

J'ignore si j'ai posé la question. C'était surtout de la surprise devant ce bébé. Une vague inquiétude : est-ce qu'elle va grandir ?

Maman rentre à la maison, son ventre n'est plus gros, il est plat. Je crois que je n'ai pas compris comment le bébé en était sorti. Il y avait un bébé, où est passé le bébé ? La relation entre le bébé que l'on me montre et le ventre plat de ma mère n'est pas du tout évidente. Peut-être est-il sorti par la bouche, ce bébé ? Ou par les oreilles ? C'est confus, et très mystérieux.

Toute la famille veut savoir si Marie est sourde, bien sûr. Ma mère s'était déjà rassurée, pendant sa grossesse, puisque Marie bougeait beaucoup. Maman claquait une porte, par exemple, et elle sentait le bébé réagir, lui donner un coup de pied...

J'ai bien vu que Marie est différente de moi. Mais maman a demandé au spécialiste de le lui confirmer, son instinct ne lui suffisait pas. Elle voulait qu'on le lui dise.

Ma petite sœur entend. J'ai une petite sœur entendante, « comme les autres ».

Je comprends qu'elle est comme mes parents et que je suis seule contre trois.

Je crois avoir pensé au début : « Elle sera peut-être comme moi, on sera peut-être plus fortes. » Je me sens un peu étrangère, dans ma famille, à cet âge-là. Je n'ai pas de complicité avec quelqu'un qui me ressemble. Je ne peux pas m'identifier.

Est-ce que je souffre de cette différence ? Non.

Lorsque maman revient à la maison avec elle, je suis heureuse de voir ce tout petit bébé dans ses bras. On le met dans les miens, en me faisant des tas de recommandations, lui tenir la tête, parce qu'elle est fragile ; j'ai peur de la casser, je la porte avec précaution.

Je vois que ce petit « machin » est vivant, qu'il faut y faire attention, ne pas le secouer dans tous les sens comme les poupées. J'ai un peu peur.

Avant elle, mes parents me gâtaient beaucoup, toute leur attention était portée sur moi. A présent, cette attention se porte sur elle ; et je vois bien que les choses ont changé.

Chaque fois que Marie pleure, ma mère accourt, se précipite vers le berceau. Elle l'entend, elle comprend quand elle a faim ou qu'elle ne veut pas dormir. J'en suis troublée.

Je dis à ma mère que je ne veux pas avoir d'enfant plus tard, quand je serai grande. Elle ne comprend pas tout de suite ma réaction ; que se passe-t-il dans ma tête ? Je serais jalouse de ma sœur ? Parce que ma sœur n'est pas comme moi ?

Non. La raison qui me fait décider à sept ans que je n'aurai pas d'enfant est plus simple et plus importante. Avec difficulté, je réussis à faire comprendre à ma mère que ma peur vient du fait que je ne pourrai pas entendre mon enfant pleurer, donc que je ne pourrai pas courir, comme elle, pour le consoler, l'aider quand il aura besoin de moi. C'est un problème insurmontable. Alors, je n'aurai pas d'enfant.

Maman dit :

« Une mère sent quand son enfant pleure. Une mère a des rapports particuliers avec son enfant. Pas besoin de l'entendre forcément. »

Sentir, pour moi, n'est pas une réponse. Je préférerais pouvoir entendre mon enfant. J'ai trop peur.

N'arrivant pas à me sortir ce refus de la tête, ma mère me conseille d'en parler avec des adultes sourds à Vincennes :

« Eux te répondront mieux que ton père ou moi. »

La simplicité de la réponse qu'on me donne me surprend : il suffit de mettre un petit micro sous l'oreiller du bébé. Ce micro fait fonctionner un signal lumineux lorsque l'enfant pleure.

J'ai compris. Un jour je serai mère. J'ai un avenir de mère moi aussi.

Si je pouvais me souvenir des mille questions de ce genre qui se posent alors dans ma tête, j'en ferais volontiers la liste. Mais cela m'est impossible.

Mon rapport avec le monde extérieur, à cet âge, est très particulier. Je suis souvent solitaire, je m'ennuie dans un monde qui parle autour de moi. Parfois, je m'énerve de ne pas comprendre. Il me semble que les autres ne font pas beaucoup d'efforts pour communiquer, à part mes parents, et le monde se limite à eux, et à Marie, qui ne parle pas encore, mais qui babille et qui pleure, et qui rit, qui focalise toute l'attention. Parfois je dis :

« Je suis là, moi ! »

Et on me répond :

« Mais tu n'es plus toute seule. Il y a un autre enfant, il faut apprendre à partager. »

Ce n'est pas facile, au début, de partager l'affection de ses parents. Je voudrais être choyée autant qu'avant.

Je me sens bien avec les autres enfants sourds. A l'école, j'essaye de leur apprendre ma nouvelle langue, mais c'est interdit. Nous sommes dans une classe oraliste, je dois donc pratiquer les signes à la récréation. J'essaye d'expliquer à mes petits copains que « papa » et « maman » ne se disent pas comme en orthophonie, mais avec des signes. Apparemment, ils s'en fichent. Ils se demandent ce que je leur raconte comme bêtise. Ces enfants ont le même âge que moi, mais pour eux, dire papa en code ou papa en signe, ça ne change rien. Alors que moi, j'ai senti le changement. Ce n'est pas encore très clair, mais je ne suis plus comme avant. Une petite révolution s'est faite en moi, que je voudrais bien leur faire partager. Révolutionner les sourds autour de moi, leur ouvrir le monde comme on l'a fait pour moi. Leur donner la possibilité de s'exprimer librement, de faire avec leurs mains, comme dit Alfredo Corrado, « des fleurs dans l'espace ».

Je commence à bien signer. Entre les cours à IVT et la classe d'insertion, je progresse. Plus à IVT qu'à l'école, où l'on m'apprend encore que trois petites voiture plus une petite voiture, ça fait quatre ; à écrire des A et des B à l'infini ; à lire sur les lèvres ; à m'échiner à répéter des milliers de fois la même syllabe avec l'orthophoniste. Je crois que les adultes entendants qui privent leurs enfants de la langue des signes ne comprendront jamais ce qui se passe dans la tête d'un enfant sourd. Il y a la solitude, et la résistance, la soif de communiquer, et parfois la colère. L'exclusion dans la famille, à la maison, où tout le monde parle sans se soucier de vous. Parce qu'il faut toujours demander, tirer quelqu'un par la manche ou la robe pour savoir, un peu, un tout petit peu, ce qui se passe autour de soi. Sinon, la vie est un film muet, sans sous-titres.

Moi, j'ai de la chance d'avoir les parents que j'ai. Un père qui a foncé à Vincennes pour apprendre la même langue que moi, une mère qui suit le même parcours. Qui ne me tape pas sur les mains sans comprendre quand je signe : « Maman, je t'aime. »

Les enfants de ma classe ont, pour la plupart d'entre eux, des parents adeptes de l'oralisation. Ils n'iront pas au cours de langue des signes à Vincennes. Ils vont passer des années à essayer de faire de leur gorge une caisse de résonance, à fabriquer des mots dont ils ne connaissent pas toujours le sens.

Je n'aime pas les maîtresses de cette classe dite « d'intégration », à l'école. Elles veulent me faire ressembler aux enfants entendants. Elles m'empêchent de signer, elles m'obligent à parler. Avec elles, j'ai le sentiment qu'il faut cacher que l'on est sourd, mimer les autres comme des petits robots, alors que je ne comprends pas la moitié de ce que l'on dit en classe. Mais à IVT, avec les enfants et les adultes sourds, je me sens mieux.

Cette année-là, il y a aussi des moments gais dans ma famille. Ma première dent de lait, par exemple. Le jour où elle tombe, mes grands-parents me racontent l'histoire de la petite souris qui apporte une pièce sous l'oreiller. J'imagine la petite souris comme dans les dessins animés, avec de jolies petites oreilles. J'y crois, comme tous les enfants de mon âge. Ce n'est pas un conte, c'est la réalité. D'ailleurs, je vais vérifier.

Le soir, je mets consciencieusement ma précieuse dent sous l'oreiller, et je m'endors en espérant que la petite souris sera fidèle au rendez-vous. Pas du tout effrayée à l'idée qu'elle va se glisser dans mon lit. Le lendemain, à mon réveil, je trouve une pièce de cinq francs, avec un dessin qui représente la souris. Elle est donc venue me voir, réellement. Très excitée par l'événement, je décide de recommencer le soir-même, puisque j'ai gardé ma dent. Avec, je crois, l'idée de vérifier si la petite souris est bien une petite souris.

Le lendemain, je trouve effectivement une nouvelle pièce, mais plus de dent ! Je cours demander à mes grands-parents ce qu'elle est devenue. Ils m'expliquent que la petite souris l'a emportée avec elle, tout simplement.

Je suis furieuse. D'abord parce que c'est MA dent. Ensuite parce que j'avais l'intention de répéter l'expérience.

Vraiment furieuse. MA dent !

Une autre image que je n'oublierai jamais. Un soir, nous sommes invités chez des amis de mes parents. J'ai une belle robe, tout est parfait. Maman prépare le bébé. Elle me le donne à garder pendant qu'elle rassemble des affaires. Le bébé a, tout à coup, un petit air étonné, et je sens qu'elle a fait ses besoins. Toute prête avec ma belle robe, et ce bébé qui fait sur moi ! Je m'énerve. Je dois changer de robe et Marie de couche ! Je ne suis pas contente du tout.

Je ne sais pas pourquoi, je n'oublierai jamais cette image souvenir. Ma première confrontation, peut-être, avec la réalité d'un autre être, le fait de prendre en compte la vie de quelqu'un d'autre dans la bulle que représente la famille, et qui m'était jusque-là réservée.

Je dis le bébé, quand Marie est toute petite, car

j'oublie. J'oublie comment prononcer son nom correctement. Souvent je veux lui dire : « Marie, regarde-moi », pour lui parler un peu en signes, mais je n'y arrive pas. Parce qu'elle est trop petite, et que je ne suis pas encore très habile moi-même. J'essaye donc de communiquer avec elle comme le font mes parents, en parlant un peu, avec mes mots à moi, maladroitement prononcés.

« Ma-rie... Ma-rie... Ma-rie... »

9

LA VILLE DES SOURDS

Je ne suis qu'au début de l'apprentissage du langage des signes, et nous allons abandonner Marie en France pour partir à Washington, la formidable « ville des sourds ».

Avec le recul, j'ai un peu honte ; ils auraient dû l'emmener, je l'ai privée de nos parents durant un mois. Ils ont pris la décision de la confier à nos grands-parents, je ne suis pas responsable, mais la situation me gêne un peu. Ils font un effort pour moi, pour aller là-bas apprendre la langue des signes, en laissant le bébé.

Washington, c'est d'abord l'avion. C'est la première fois que je prends l'avion, et je ne sais pas où je vais. Je sais que je pars à l'étranger, mais où ? Qui pouvait m'expliquer Washington ? Au moment du départ, personne. J'ai compris plus tard, en arrivant.

Ce voyage est organisé par Bill Moody, l'interprète d'Alfredo Corrado, avec le groupe d'IVT. Il y a un sociologue, Bernard Mottez, un orthophoniste, Dominique Hof, et d'autres adultes sourds s'occupant d'enfants sourds. Le but est de découvrir la façon de vivre des sourds américains, de connaître leur université Gallaudet, de savoir comment ils se débrouillent dans la vie de tous les jours.

Claire est l'unique enfant de mon âge dans ce groupe. C'est une petite fille blonde, sourde comme moi, qui va devenir mon amie inséparable. Je n'oublierai jamais la première fois que j'ai vu son visage. Elle est aussi vivante que je suis réservée et timide, mais nos regards se sont croisés avec force, et le contact a été immédiat. Ensemble nous partons vers l'aventure extraordinaire, dont nous ignorons encore, elle et moi, le bonheur de la découverte.

Le décollage me fait peur. Le sol tremble, les roues brinquebalent. Je sens l'avion vibrer, puis une espèce de trou d'air, comme dans un ascenseur qui va très vite. Je me sens écrasée au fond de mon siège.

Une fois en l'air, ça va. Avec Claire, nous lisons un *Mickey*, assises toutes les deux, tranquilles, puis on s'endort, jusqu'à l'atterrissage. Là, j'ai un mal affreux aux oreilles, à en mordre le coussin du siège. Une véritable souffrance qui me surprend complètement, l'impression que je vais exploser. On m'a dit de prendre du chewing-gum, je mâche, je mâche, mais ça ne passe pas. Claire ne ressent rien, elle est folle de joie.

Au sol, je récupère lentement, la souffrance disparaît. Nous sommes à New York ; ça ne me dit rien de précis, New York, sauf les gratte-ciel. Puis nous partons pour Washington, en car, cette fois.

Il y a du soleil, il fait lourd. Nous arrivons dans une sorte de grande résidence, où mes parents ont loué un appartement, comme ceux de Claire.

Dans la rue, le spectacle est immédiatement un choc pour moi. Plus qu'un choc, une révolution ! Et là, je comprends : je suis dans la ville des sourds. Il y a des gens qui signent partout : sur les trottoirs, dans les magasins, tout autour de l'université Gallaudet. Les sourds sont partout. Le vendeur d'un magasin signe avec l'acheteuse, les gens se saluent, discutent en signant. Je suis vraiment dans une ville de sourds. J'imagine qu'à Washington tout le monde est sourd. C'est comme si j'arrivais sur une autre planète, où tous les gens sont comme moi.

« Regardez, papa, maman, des sourds qui parlent ! »

Il y en a deux, trois, quatre, qui discutent ensemble, puis cinq, six... je n'en crois pas mes yeux ! Je les regarde, la bouche ouverte de stupéfaction, bouleversée, bousculée dans ma tête. Une véritable conversation de sourds à plusieurs, c'est une image que je n'ai jamais vue encore.

J'essaye de comprendre où je suis, ce qui se passe ici, je n'y arrive pas. Il n'y a rien à comprendre, j'ai atterri dans un monde de sourds, à sept ans, tout simplement.

Premier pas dans l'université. Alfredo Corrado m'explique que tout le monde n'est pas sourd. Si j'ai cette impression, c'est qu'il y a beaucoup de professeurs entendants qui parlent la langue des signes. Comment les reconnaître, personne n'a d'étiquette sur le front ? Ça ne me paraît pas nécessaire, ils ont l'air tellement heureux, tellement à l'aise. Il n'y a pas cette réticence que j'ai sentie même à l'école de Vincennes. Inconsciemment, les gens sont gênés, en France, d'utiliser la langue des signes. Je sentais cette gêne. Ils préfèrent se cacher, comme si c'était un peu honteux. J'ai vu des sourds qui ont souffert toute leur enfance de cette humiliation, et qui ne sont pas complètement épanouis, même maintenant, dans leur langue. On sent le passé difficile. Peut-être parce que la langue des signes était interdite en France jusqu'en 1976. Elle était considérée comme une gestuelle indécente, provocante, sensuelle, qui fait appel au corps.

Mais à Washington, rien de tout cela. Aucun problème, une aisance fabuleuse de tout le monde. La langue est normalement pratiquée, sans complexe. Personne ne se cache ou n'a honte. Au contraire, les sourds ont une certaine fierté, ils ont leur culture et leur langue, comme n'importe qui.

Bill nous promène dans la ville, il traduit en même temps le français et l'anglais, l'ASL (*american sign language*) et la LSF (langue des signes française). Une gymnastique fascinante ; je n'ai jamais compris comment il faisait. Chaque pays a sa langue des signes, comme il a sa culture, mais deux étrangers sourds parviennent assez vite à se comprendre. Nous avons une sorte de code de base international qui nous permet de nous comprendre relativement facilement. Par exemple, on mange forcément par la bouche, pas par les oreilles, donc le signe qui montre la bouche ouverte et les doigts qui désignent l'ouverture est déjà assez clair. La maison, c'est pareil. La première fois que l'on m'a dit « *Home* », je n'ai pas compris, mais dès qu'on a fait le signe de « maison », en forme de toit, c'était clair. Pour le reste — l'abstrait, les nuances —, chaque langue des signes demande une adaptation, comme pour une langue étrangère.

Nous restons un mois à Washington, dans la résidence proche de l'université Gallaudet. Dans l'immeuble, chaque locataire signe. Nous prenons nos repas au self, il faut s'annoncer en présentant, en langue des signes, le numéro que nous portons.

Je suis fière, fière comme jamais je ne l'ai été.

L'université abrite des médecins sourds, des avo-

cats sourds, des professeurs de psychologie sourds...
Tous ces gens ont fait des études supérieures ; pour
moi, ce sont des génies, des dieux ! Il n'y a rien de
pareil en France.

Rencontre émouvante et impressionnante avec
une femme sourde et aveugle. Comment communiquer avec elle ?

On me dit d'épeler mon nom en dactylologie dans
le creux de sa main. Elle me sourit et répète mon
prénom dans ma main. Je suis profondément troublée par cette femme. Elle est magnifique. Je
croyais que tous les aveugles avaient les yeux fermés ; en fait, elle a un regard qui me « regarde »,
comme si elle me voyait vraiment. Je lui demande
comment elle fait pour parler, puisqu'elle ne peut
pas épeler tous les mots dans la main de quelqu'un.
Elle m'explique avec le langage des signes :

« Tu utilises la langue des signes, moi je mets mes
mains autour des tiennes, pour toucher chaque
signe, et je te comprends. »

C'est une chose mystérieuse pour moi ; moi j'ai
besoin de mes yeux pour comprendre un signe, il
faut que je sois face à quelqu'un. Comprend-elle
vraiment ? Vraiment ? Je repose la question.

« Ne t'inquiète pas, je te comprends, pas de problème. »

Je me demande comment elle a grandi, comment
elle a appris. Cette femme, dont les mains enveloppent doucement les miennes, suivent dans l'espace
le dessin de chaque signe, m'impressionne terriblement. Elle a encore plus de difficultés que moi, sa
situation est plus difficile que la mienne, et pourtant
elle communique !

L'espoir que me donnent ces gens, à Washington,
ce côté positif, m'amènent à une découverte, encore
une, très importante, sur moi-même : je comprends

que je suis sourde. Personne ne me l'avait encore dit.

Un soir, à Washington, j'entre en coup de vent dans la chambre de mes parents, très excitée, une vraie boule de nerfs. Comme je signe trop vite, ils ne comprennent pas ; je recommence, plus calmement. « Je suis sourde ! »

Je suis sourde ne veut pas dire : « Je n'entends pas. » Cela veut dire : « J'ai compris que je suis sourde. »

C'est une phrase positive et déterminante. J'admets dans ma tête le fait d'être sourde, je le comprends, je l'analyse, parce que l'on m'a donné une langue qui me permet de le faire. Je comprends que mes parents ont leur langue, leur moyen de communiquer, et que j'ai le mien. J'appartiens à une communauté, j'ai une véritable identité. J'ai des compatriotes.

A Washington, les autres m'ont dit : « Tu es pareille que nous, tu es sourde. » Et ils m'ont montré le signe qui désigne le sourd. Personne ne me l'avait DIT.

Elle est là, la révélation, car je n'avais pas encore construit ce concept-là dans ma tête. J'en étais encore à une définition de moi du genre : « Emmanuelle t'entend pas. »

Après avoir compris le « je », je m'appelle Emmanuelle, je comprends ce soir-là, comme un éclair : « Je suis sourde. »

Maintenant, je sais quoi faire. Je vais faire comme eux, puisque je suis sourde comme eux. Je vais apprendre, travailler, vivre, parler, puisqu'ils le font. Je vais être heureuse, puisqu'ils le sont.

Car je vois autour de moi des gens heureux, des gens qui ont un avenir. Ils sont adultes, ils ont un travail ; moi aussi, un jour, je travaillerai. J'ai donc des atouts soudain révélés, des capacités, des possibilités, de l'espoir.

Ce jour-là, je grandis dans ma tête. Énormément. Je deviens un être humain doué de langage. Les entendants utilisent la voix, comme mes parents ; moi, j'utilise mes mains. J'ai tout simplement une autre langue. Claire a la même, des tas de gens ont la même langue.

Après cela, les questions se bousculent. D'abord, comment faire pour communiquer avec un entendant ? Avec mes parents, pas de problèmes, puisque j'ai la chance qu'ils m'acceptent avec ma langue et font l'effort de l'apprendre aussi. Mais les autres ?

La réponse est évidente : il faut que je continue à apprendre à parler, que je fasse un effort, moi aussi, pour accepter les entendants comme mes parents m'acceptent. Ils signent, je vais parler à voix haute, comme on apprend une langue étrangère.

Bill Moody est formidable pour nous ; il aide mes parents à découvrir le monde des sourds, il est patient, toujours clair, toujours présent. Ses yeux bleus expressifs, ses mains habiles et précises font de lui un professeur et un guide remarquable.

J'apprends à signer sans relâche. Je répète devant une glace, et je vois des signes partout. Ma tête en est pleine. Je suis parfois obligée de fermer les yeux pour me souvenir, de faire le noir jusqu'à ce que l'image revienne. Il arrive que je ne me comprenne pas moi-même en me regardant. Je veux dire quelque chose, et ça va trop vite. Je parle en charabia. Il y a des signes que j'invente parce que je ne les connais pas encore tous et que je veux absolument arriver à dire ce que je veux. Lorsque personne ne comprend, je m'explique sur le signe :

« Pour moi ça veut dire ça.

« — On ne le dit pas comme ça, on le dit comme ça !

— Ah ! bon. »

J'accumule avec une voracité étonnante. J'apprends les signes à une vitesse qui dépasse mes parents. Ils ont plus de mal que moi. Ils mettront deux ans, moi trois mois.

Avec la découverte de ma langue, j'ai trouvé l'énorme clé qui ouvre l'énorme porte qui me séparait du monde. Je peux comprendre le monde des sourds, et aussi celui des entendants. Je comprends que ce monde ne s'arrête pas à mes parents, qu'il n'y a pas qu'eux d'intéressants. Je n'ai plus cette espèce d'innocence d'avant. Je vois les situations en face. J'ai une réflexion qui se construit. Besoin de parler, de dire tout, de raconter tout, de comprendre tout.

C'est fou. Je deviens bavarde. Je crois même que j'embête tout le monde à force de poser des questions. « T'as dit quoi ? »

Lorsque nous rentrons à Paris, Marie est déstabilisée. Nous l'avons quittée alors que tout le monde parlait oralement avec elle, elle nous retrouve parlant le langage des signes ! C'est après ce voyage que je décide clairement de lui apprendre à signer dès que possible. Je regarde déjà ses petites mains avec impatience, dévorée d'envie de la voir me parler, d'être son professeur. J'ai hâte qu'elle grandisse, pour pouvoir discuter avec elle.

Marie va devenir plus que ma sœur, ma confidente privilégiée, mon interprète. Peu à peu la relation particulière que j'avais avec ma mère va se transférer sur elle.

Pour l'instant, je dois faire des efforts pour parler avec elle et accepter de ne plus être seule. Partager.

Nous prenons les bains ensemble. Je l'embête, je lui pique un jouet, elle tape dans l'eau, moi aussi, elle me tire les cheveux, moi aussi. J'adore la faire enrager et elle aussi. J'adore regarder ses petites dents qui brillent quand elle pleure pour appeler ma mère. Ça me fait rire. Ma mère arrive en colère, me gronde, c'est moi qui pleure, et c'est au tour de Marie de rire aux éclats.

En langue des signes, « Marie » se dit les mains jointes sur la poitrine.

J'adore Marie.

10

FLEUR QUI PLEURE

Je ne sais pas à quel âge j'ai commencé à comprendre la différence entre la fiction et la réalité. Avec mes repères essentiellement visuels, j'imagine que c'est à travers les films. Petite, j'ai vu *Tarzan*, par exemple, le *Tarzan* en noir et blanc, avec Johnny Weissmuller. Ça me semblait tout à fait réel, vraisemblable. Tarzan ne pouvait pas parler, c'était donc réel pour moi. L'image m'a marquée, je le comparais au sourd qui ne peut pas parler, j'ai imaginé qu'il était comme moi, incapable de communiquer. Et j'ai fait des cauchemars à propos de ce film. La scène où la tribu de sauvages noirs arrive en criant, en hurlant et dansant autour de Tarzan m'a fait très peur. Je n'ai pas pu comprendre ce qui se passait, et j'ai fait des cauchemars. Mes parents essayaient de m'expliquer, mais je n'ai pas compris le scénario. Plus tard, j'ai su que ce pauvre Tarzan avait perdu ses parents, que la tribu de « vilains » Noirs était en colère. Mais trop tard. Entre-temps, j'ai fabriqué des cauchemars. Probablement parce que je m'étais identifiée à Tarzan muet. C'était avant l'apprentissage du langage des signes. Il y avait beaucoup de confusion dans ma tête.

Puis je me suis mise à découvrir le sens des mots.

J'ai oublié comment j'ai compris. Un enfant entendant, lui, peut comparer le mot écrit avec le son qu'il entend, puis avec le sens.

J'ai dû réécrire vingt fois le mot maman. Est-ce que j'ai vraiment compris, à ce moment-là, le sens de maman ? Ma maman à moi, que je voyais devant moi ? Ou était-ce autre chose ? Est-ce que ça correspondait à une table ? Comment j'ai appris les phrases, le sens, la structure ? Oublié.

J'ai adoré qu'on me raconte des histoires. Ensuite, j'ai appris à lire, et j'ai lu. J'étais toujours fourrée dans les dictionnaires, à chercher, à mémoriser. Je lisais *Astérix et Obélix* en images au début, sans comprendre le texte. C'était muet.

Dans la vie, je ressentais toujours un décalage par rapport aux scènes qui se déroulaient devant mes yeux. L'impression que je n'étais pas dans le même film que les autres. Ce qui provoquait parfois chez moi des réactions inattendues.

Je revois une fête à la maison ; tout le monde parle, il n'y a que des entendants, je suis isolée, comme toujours dans ces cas-là. Le mystère de la communication possible entre ces gens me laisse perplexe. Comment font-ils pour se parler tous en même temps, le dos tourné, le corps dans n'importe quel sens ? A quoi ressemblent leurs voix ? Je n'ai jamais entendu la voix de ma mère, de mon père, des amis. Leurs lèvres bougent, leurs bouches sourient, s'ouvrent et se ferment avec une folle rapidité. J'observe de toutes mes forces, puis je me lasse. L'ennui, l'ennui profond, me reprend, le désert de l'exclusion. Soudain, un ami chanteur, Maurice Fanon, que mon oncle a invité pour la soirée, vient vers moi et m'offre une fleur. Je prends la fleur et je fonds en larmes. Tout le monde me regarde. Ma mère se demande ce qui m'arrive.

Au fond, qu'est-ce qui m'arrive ? Je ne sais pas. Une émotion forte. Trop forte dans mon isolement ? Je ne peux pas l'exprimer autrement qu'en pleurant ? Le décalage entre eux et moi est tel, les situations, ce que font les personnages, sont si incompréhensibles ? C'est possible.

Je me demande encore pourquoi j'ai pleuré devant cette fleur avec tant de force. J'aimerais le savoir, mais c'est indéfinissable.

J'ai fait beaucoup de cauchemars, c'est certain, entre zéro et sept ans. Tout ce que je ne comprenais pas dans la journée devait se bousculer dans ma tête. Les associations d'idées se faisaient en désordre.

Grâce soit rendue à mon père, qui m'a ouvert le monde à Vincennes et à Washington, à lui qui m'a dit :

« Viens, on va apprendre la langue des signes ensemble ! »

A notre retour des États-Unis, mon père décide, en qualité de psychiatre, de s'occuper des sourds. Il va ouvrir à Sainte-Anne la première consultation où l'on pratique la langue des signes, et l'étendre ensuite à l'accueil en hospitalisation.

Les sourds peuvent-ils avoir des problèmes psychologiques ? Oui, comme tout le monde.

Enfant, l'image que j'ai de mon père est celle d'un intellectuel. Il est psychiatre. Au début, je disais aux autres :

« Mon père travaille avec les fous ! »

Comme ma mère est institutrice pour enfants à problèmes psychologiques, je disais la même chose de ma mère :

« Maman est institutrice avec les fous. »

J'avais alors du mal à intégrer ce que représentaient leurs deux métiers. Petit à petit, j'ai compris. Papa disait :

« Je suis psychiatre et psychanalyste. Je rencontre des gens, je fais des psychanalyses.

— Psychanalyste, c'est pas comme psychiatre ?

— Non, le métier de psychiatre est différent ; il faut un diplôme de médecine pour être psychiatre, pour pouvoir donner des médicaments, tu comprends ? Je peux soigner les gens avec un traitement. Mais je fais aussi des psychanalyses ! »

Je voulais absolument savoir ce que voulait dire ce mot-là, il m'embrouillait et restait mystérieux. Nous en parlons souvent avec mon père, de tous ces psy...

Un jour, il m'explique Freud. Il me raconte la découverte des concepts de la psychanalyse sur l'enfant, le plaisir, la jouissance, le stade anal, le stade oral. J'avais onze ans... C'était « tiffiti ».

J'ai fini par comprendre, mais pendant longtemps je me suis résignée à désigner le travail de mon père à mes camarades sourds en faisant le signe qui veut dire « médecin des fous ». Pardon, mon père.

J'ai aussi mélangé le « J » de son prénom avec le signe à côté de la tête qui signifie « dans la lune ». Il est souvent distrait. Mon père, c'est « Jacques la lune ».

Les sourds donnent des surnoms particuliers à tout le monde. A Vincennes, les sourds avaient décidé d'appeler ma mère « Dents de Lapin », à cause de ses dents légèrement en avant. Maman disait :

« Pas question. Ça ne va pas, je refuse de m'appeler Dents de Lapin. »

Nous lui avons donné un autre nom, qui lui va si bien : « Anne la battante ». On signe le « A », bras levé, pouce écarté, et le poing fermé en avant. Ça fait rire maman, qui se voit presque chanter « C'est la lutte finale ».

D'autres sont surnommés « Grands Cheveux », ou « Gros Nez ». Mon grand ami Bill Moody, l'interprète d'Alfredo à Washington, se prénomme « Pouce sous le nez ». Il passe son temps à moucher la goutte qu'il a toujours au bout du nez avec son pouce !

En fait, en langue des signes, nous donnons aux gens une caractéristique visuelle qui rappelle un comportement, des tics, une particularité physique. C'est beaucoup plus simple que d'épeler chaque fois un prénom en français. C'est parfois drôle, parfois poétique, toujours précis. Les entendants n'aiment pas beaucoup. Certains se vexent. Pas les sourds.

Le président Mitterrand se signe avec l'index et le petit doigt, qui forment deux canines sur le devant de la bouche. Comme des dents de vampire. (Nous savons qu'il s'est fait limer les dents. Il avait deux superbes canines, avant.) Raymond Barre, c'est « Grosses-Joues ». Gérard Depardieu, c'est le nez énorme avec des bosses. Jacques Chirac, c'est le nez pointu avec le « V » de victoire. Ce sont des exemples de particularités physiques. Mais j'ai un copain qui s'appelle « Rajouté ». C'est un garçon qui en « rajoute » tout le temps quand il raconte quelque chose. On peut comparer cela aux noms que se donnaient les Indiens. Comme « Grand Bec cornu », « Œil de Lynx » ou « Danse avec les Loups ».

Le « peuple » sourd est gai. Peut-être parce qu'il y a eu beaucoup de souffrance dans leur enfance. Ils ont plaisir à communiquer, et la gaieté l'emporte. Dans une cour de récréation, ou au restaurant, un groupe de sourds qui parlent, c'est incroyablement vivant. On parle, on parle, on s'exprime pendant des heures parfois. Comme une immense soif de se dire des choses, des plus superficielles aux plus graves.

Les sourds auraient pu m'appeler « Fleur qui pleure », si je n'avais pas eu accès à leur communauté de langue. A partir de sept ans, je suis devenue bavarde et lumineuse. La langue des signes était ma lumière, mon soleil, je n'arrêtais pas de m'exprimer, ça sortait, sortait, comme par une grande ouverture vers la lumière. Je ne pouvais plus m'arrêter de parler aux gens. Je suis devenue « Soleil qui part du cœur ». C'est un beau signe.

11

INTERDIT D'INTERDIRE

Il m'arrive souvent de poser aux adultes sourds les questions que j'ai déjà posées à mes parents. J'ai toujours eu le sentiment de recevoir de leur part des réponses insuffisantes, insatisfaisantes. Parfois pas de réponse du tout. Pourtant, la relation est toujours très forte avec ma mère. Surtout pour l'éducation et l'apprentissage des mots. Je dirais, symboliquement : « pédagogique, structurée ». Avec mon père, c'est plus de la détente, de la musique, du jeu, on « rigole ». Pour le reste, c'est un intellectuel. Il lit beaucoup, et, petite, je sens qu'il ne se met pas tellement à mon niveau. Devenue grande, je le comprends parfaitement. Tout a changé dans nos rapports.

En attendant, grâce à mes parents, je ne suis pas en retard à l'école. J'ai beaucoup progressé.

Onze ans. Mes parents veulent me faire entrer en sixième au collège Molière. Refus. Refus alors que j'ai réussi l'examen d'entrée !

« Votre fille est sourde profonde, c'est impossible. »

Mes parents sont furieux contre l'administration de l'école publique, et moi, complètement découragée. Comment faire pour poursuivre mes études ?

Ce refus est une injustice profonde. Je le vis comme un acte de racisme. Refuser l'éducation à un enfant parce qu'il est trop noir ou trop jaune ou trop sourd relève de la pire ségrégation dans un pays qui se dit démocratique.

Il existe à Paris un seul cours privé spécialisé dans l'éducation des sourds où l'on peut m'accepter. J'y passe mon examen, je suis admise. Moi et ma surdité profonde. Maman dit avec précaution :

« Il faut que tu saches, Emmanuelle, que cette école donne un enseignement oral. Il n'y a pas de soutien en langue des signes. Tu vas être obligée de suivre les cours en lisant sur les lèvres, obligée de parler. Pas le droit de te servir des mains. Tu comprends ? »

Sur le moment, je pense avoir compris le message, en réalité je n'y ai pas fait très attention. Le mot « interdit », s'il a été prononcé, ne m'a pas réellement inquiétée. J'ai réussi mon examen, et, à onze ans, d'autres choses me passionnent et me préoccupent.

Passion d'abord. J'apprends à signer à Marie. Elle a un peu plus de trois ans, je lui enseigne à écrire quelques mots, des choses simples de la vie quotidienne, et les signes qui correspondent.

Nous avons déjà, elle et moi, un rapport affectif très intense. Je la trouve adorable, j'aime jouer avec elle, j'aime lui apprendre, et j'en suis très fière. Je dis à ma mère :

« Regarde, tu vois ? Je peux lui apprendre quelque chose ! »

J'ai donné ma chambre à Marie, et je dors dans le salon. J'ai un vieux bureau d'écolier avec un banc en bois et un trou pour l'encrier. C'est là que je « professe ».

Marie est assise à côté de moi sur le banc raide,

on fait des dessins. Comme ma mère a essayé de lui apprendre les jours de la semaine, sans succès, c'est moi qui m'y attaque. Nous répétons les jours associés à des couleurs : le lundi est jaune, le mardi rouge, etc. Je lui apprends à écrire, puis à signer. Ses petites mains font de si jolies choses dans l'espace, elle comprend si vite, je suis en admiration. Elle parle en français oral, et tout à coup elle passe à la langue des signes avec une facilité étonnante. Elle me donne un plaisir fou et une fierté immense.

C'est moi qui suis devenue « la science ». Maintenant, nous pouvons échanger un langage, elle me comprend, entendante ou sourde, pas de différence entre nous, puisque je suis capable de lui apprendre des choses et qu'elle les comprend. Elle est bilingue.

Différence... oui, tout de même. Je la regarde imiter ma mère en prononçant des « A, E, I, O, U ». Elle imite la voix de mes parents, moi je n'ai pas pu. Quand j'essaye d'imiter la voix de ma mère, c'est complètement à côté. On me dit : « Parle, parle, on te comprend », mais je sais bien que ce n'est valable pour l'instant qu'en famille. A l'école primaire, les gosses se fichaient de moi et riaient de mes efforts pour parler. « On te comprend pas ! Qu'est-ce que tu dis ? »

Bien sûr qu'ils ne me comprenaient pas. Mais c'est moi qui faisais l'effort de les imiter, sans jamais entendre le résultat. Ma voix, je ne la connais pas. Et eux ? Que faisaient-ils comme effort, à part ricaner ?

On me demande souvent si je souffre de ne pas entendre la voix de ma mère. Et je réponds :

« On ne peut pas souffrir de ce que l'on ne connaît pas. Je ne connais pas le chant des oiseaux, ou le bruit des vagues. Ou, comme on essayait de le faire comprendre à Vincennes aux parents d'enfants sourds, le bruit d'un œuf sur le plat ! »

C'est quoi le bruit d'un œuf sur le plat ? Je peux l'imaginer, à ma manière, le grésillement est quelque chose qui ondule, c'est chaud. Du chaud, jaune et blanc, qui ondule.

Ça ne me manque pas. Mes yeux font le travail. Mon imagination est sûrement plus fertile, même enfant, que celle des autres. Juste un peu désordonnée.

Et l'ordre qui s'est mis en place dans ma tête, à l'époque où j'entre en sixième, me fait déjà refuser violemment l'étiquette d'handicapée. Je ne suis pas handicapée, je suis sourde. J'ai une langue de communication, des copains qui la parlent, mes parents qui la parlent.

Je me préoccupe de ce que je deviendrai plus tard. Ce que je vais faire comme métier, comment je vivrai, avec qui ? Je me pose toutes ces questions depuis Washington. J'ai tellement grandi dans ma tête, tellement rattrapé de choses au vol, et il m'en reste tant encore...

Me voilà donc au cours Morvan. Classe de sixième.

J'arrive en retard, pour le premier jour de classe. La directrice m'accompagne dans la salle de classe, me fait asseoir à une place vide. Il y a une petite interruption, des yeux me dévisagent, puis le cours reprend.

Je me sens cernée, épiée de tous les côtés. Je suis dans une classe de sourds, et les sourds sont curieux de nature.

Le professeur est une femme, elle prend bien soin de garder ses mains derrière son dos et parle, en articulant exagérément, en traînant sur les mouvements de bouche, très « convenablement ». Les élèves lisent sur ses lèvres.

C'est là, à cette minute, que je comprends l'étendue du désastre et me souviens de l'avertissement précautionneux de mes parents. Cette femme qui ne se sert ni de ses mains ni de son corps pour enseigner, qui signifie par son attitude l'interdit d'utiliser un autre langage que la parole, me paraît une provocation. Je suis choquée, profondément, puis complètement écœurée. A l'IVT de Vincennes, j'ai pris l'habitude et l'aisance de ma langue, ici je suis une étrangère à nouveau. A un moment, je me dis :

« C'est une farce. Une comédie. Elle va faire ça un moment, puis elle va se débloquer ».

Mais les autres regardent et écoutent attentivement, et je n'ose pas intervenir. Je m'efforce de comprendre ce qu'elle dit. Rien. Elle le voit bien ; je ne sais même pas de quel cours il s'agit.

A la récréation, je fais connaissance avec mes camarades. Connaissance est un grand mot : pas un ne parle la langue des signes. Certains parlent avec les mains, une sorte de code qu'ils espèrent expressif, mais ils ne connaissent pas les règles et la grammaire. Je m'aventure. Je signe :

« Toi, comment t'appelles-tu ? Moi, je m'appelle Emmanuelle. Je parle le langage des signes. Tu comprends ? »

Pas de réponse. Les yeux écarquillés, l'autre regarde mes mains comme si je parlais chinois. Ils n'ont pas appris la grammaire, les inversions, les renvois, toute la structure de ma langue, comme la configuration du geste, l'orientation, l'emplacement, le mouvement de la main, l'expression du visage. A partir de cette structure, de cette grammaire, je peux exprimer des milliers de signes, du plus simple au plus nuancé. Il suffit parfois de changer légèrement l'un des paramètres, l'orientation, ou l'emplacement, ou les deux, etc. C'est infini.

Les yeux ronds du gosse qui me regarde trahissent la plus belle stupéfaction. Un autre me fait comprendre qu'il veut savoir mon nom. Je lui réponds en dactylologie. Les yeux de celui-là s'arrondissent davantage. Ils ignorent aussi la dactylologie, cet alphabet, créé par l'abbé de l'Épée, que l'on écrit dans l'air avec une main.

Le deuxième jour, décidée à faire front à cette situation, je commence à distribuer au lycée des alphabets pour expliquer la langue des sourds. Scandale ! Provocation ! Je suis convoquée immédiatement par l'administration, qui me remet à ma place. Gentiment, mais à ma place. Il n'est pas question que je me comporte ici comme une activiste, une chef syndicaliste, en tout cas une meneuse de révolution.

« Il est strictement interdit de faire de la publicité pour la langue des signes dans l'enceinte de l'établissement.

— Je voulais seulement leur montrer la dactylologie.

— Pas de discussion. Interdit veut dire interdit. »

Et « interdit » ne supporte aucun dialogue. Aucun élève ici n'a le droit d'être informé, c'est la loi.

Effectivement, c'est la loi. L'interdiction va persister jusqu'en 1991. Mais j'ai onze ans, nous sommes en 1984, je ne suis pas douée pour la futurologie, et en attendant je dois subir cette loi du silence. Un comble ! La langue qui m'a ouvert au monde et à la compréhension des autres, la langue de mes sentiments, des situations, leur est interdite ?

Cauchemar.

Quelques professeurs connaissent la LSF (langue des signes française) et la pratiquent en cachette ; certains ont même pris ma défense en douce. Cette injustice me frappe en plein cœur. Il faut que les éducateurs, les instituteurs, les professeurs qui ont envie de se responsabiliser puissent le faire à visage découvert. Ils sont à l'origine de la construction et de l'équilibre psychologique, affectif, nerveux, des enfants sourds.

Il ne faut pas que l'État en fasse des hors-la-loi. Il faut que chacun puisse choisir. Or ce n'est pas le cas. On continue à bourrer le crâne des parents avec la formule : « Forcez-le à parler, il parlera. »

A onze ans, j'ai déjà envie de hurler à ce sujet. Et ça continue. J'ai des camarades dont l'enfance a été si dure, si éprouvante. Ils se rappellent avoir jeté leurs appareils auditifs dans les toilettes ; ils ne pouvaient plus les supporter. Certains ne communiquent absolument pas avec leurs parents, ils en sont incapables. Je connais un petit garçon qui est devenu violent, sauvage, il tirait les cheveux de sa mère pour communiquer avec elle, il se roulait par terre, dans la boue, n'importe où. Il ressentait une telle impuissance, un tel isolement. Certains enfants me disent à l'école :

« Elle est formidable, ta mère, elle signe ! »

Évidemment, leurs parents ne signent pas du tout. Dans ces conditions, comment font-ils pour exprimer leurs angoisses, leurs petits problèmes, leurs sentiments ? Comment rester calme, lorsqu'on ne peut pas raconter un cauchemar à maman, ou lui poser des questions aussi bêtes que : « C'est quoi ça ? », « A quoi ça sert ce truc ? », « Pourquoi j'ai mal là ? », « Qu'est-ce qu'il fait le monsieur avec une blouse et un appareil autour du cou ? »

Comment vivre quand il n'y a pas de réponse, ou alors : « Lis sur les lèvres », « Comprends ce que tu peux », « Range-le de travers dans ta tête », « Mets des années à le remettre à l'endroit », « Parle, tu as une voix bizarre, on ne te comprend pas, mais parle, tu y arriveras », « N'enlève pas ton appareil ; articule ; imite-moi. » Autrement dit : débrouille-toi pour être à mon IMAGE.

Petite enfant, je me sentais une étrangère dans ma propre famille. Des copains de classe vivent la même chose. Pour moi, c'est fini ; pour eux, ça continue. Ils sont en échec scolaire. L'échec scolaire est significatif pour moi de la nécessité du combat que je mène pour la LSF et aussi de la stupidité de l'interdire.

Plus tard, j'en ai fait la démonstration dans une classe où les élèves signaient entre eux (impossible de nous l'interdire !), mais pas avec le professeur, puisque c'était la règle.

J'ai une bonne note en français, le professeur m'invite à prendre sa place pour expliquer aux élèves qui n'ont pas compris le sujet. Je viens au tableau et je commence à m'exprimer en langue des signes. Dès le début de ma démonstration, le professeur m'arrête. Il m'accuse de trop de « facilité » et exige que je m'exprime oralement. Je me sens ridicule. Jamais je ne me suis sentie aussi ridicule. Les élèves me regardent en riant, ils ne comprennent absolument rien à ce que j'essaye de formuler.

Au bout de ce qui me paraît une éternité, je m'arrête net. Non seulement je suis malheureuse, mais je fais perdre du temps à tout le monde. Je demande au professeur d'avoir « l'extrême obligeance » de m'accorder cinq minutes pour tenir exactement le même raisonnement, mais cette fois en langue des signes. Convaincu que je n'ai pas le niveau suffisant pour y arriver, persuadé que ma langue est « inférieure », limitée, il me laisse faire, en se disant probablement qu'il va me démontrer mon incapacité. Les élèves, eux, me regardent avec des yeux ronds, pétillant de malice, de grands sourires. D'habitude, nous ne signons entre nous que pour tricher, ou à la récré, ou dans la rue. La petite révolution que je viens d'obtenir est importante. Vont-ils comprendre ce qu'ils n'ont pas compris oralement de la part du professeur ?

Ils m'écoutent attentivement ; mon raisonnement est clair, l'explication convaincante, et les élèves ravis. Le professeur refuse encore de croire que j'ai si vite et si bien expliqué.

« Vous avez tous compris ? »

Le « oui » est unanime. Il doute encore et demande ironiquement à un élève de venir répéter oralement ce qu'il a soi-disant compris. L'élève s'exécute, et le professeur, ébahi, fait grise mine, mais il se réfugie derrière sa mauvaise foi habituelle. Il continue son cours oralement, voulant oublier ce qui vient de se passer.

Dans ce contexte scolaire d'interdiction, le professeur est, à mon avis, contre l'élève, il est logique, par conséquent, que l'élève soit contre lui. Le résultat ? Quand un des professeurs se retourne pour écrire au tableau, nous prenons l'habitude d'échanger en langue des signes un certain nombre d'informations, persuadés qu'il n'entend pas, puisqu'il ne voit pas. Or, au début, il se retourne chaque fois, c'est bizarre, nous ne comprenons pas immédiatement pourquoi. A la longue, je me rends compte que tout en parlant avec les mains, nous émettons sans le savoir de petits bruits avec la bouche. Nous nous appliquons donc à n'émettre aucun son et, depuis ce jour, nous avons échangé nos corrections le plus tranquillement du monde.

C'est vilain ? Peut-être, mais entre le fait que nous ne comprenons en général que la moitié de l'enseignement oraliste, et le fait qu'« il est interdit d'interdire »... on se débrouille.

12

PIANO SOLO

J'ai bientôt treize ans, Marie cinq ans. Marie est devenue mon alter ego, ma référence, ma complice. Elle apprend tout à une vitesse vertigineuse. Elle signe avec une énergie incroyable pour ses petites mains. Elle parle avec autant de facilité. Marie, petit génie de cinq ans, mon amour de sœur, ma béquille !

Depuis qu'elle est née, je me suis attachée à elle d'une manière un peu possessive. Mais j'ai besoin d'elle. Je m'en sers comme d'un outil, comme d'un accessoire nécessaire. Notre relation est privilégiée.

J'avais besoin d'elle pour grandir, en fait. Seule, je ne sais pas comment j'aurais grandi. A l'adolescence, on essaye de ne plus avoir besoin de ses parents, de ne pas trop leur demander de choses, et Marie a pris le relais. Au fil du temps elle est devenue complètement bilingue. Elle signe comme un vrai sourd.

Un sourd a cette façon particulière d'accompagner les signes de légers bruits de bouche. Le spectacle de Marie, haute comme trois pommes, signant, écarquillant ses petits doigts, faisant la moue sur chaque mot... c'est un délice. Je passe des moments exquis avec elle, même si nous finissons par nous tirer les cheveux. J'apprends avec elle ce que sont le partage, les confidences, les disputes, la haine et l'amour.

Avec elle, je suis demandeuse d'à peu près tout. Tout ce que je ne peux pas faire. A table, il faut qu'elle me traduise la conversation ; je l'embête, je la harcèle si elle oublie et me laisse en plan sur une information. Parfois, elle m'envoie promener. Ou je m'énerve ou je la comprends, tout dépend du moment. Il y a les moments où on s'engueule sérieusement. Pour le téléphone, par exemple.

« Marie, téléphone pour moi !

— J'en ai marre !

— Tu pourrais penser à ta sœur sourde, tout de même ! C'est facile pour toi, tu me laisses tomber !

— Tu te sers de moi tout le temps ! Tu m'utilises ! »

Ce petit bout de femme de cinq ans parle comme un livre : je « l'utilise » !

« Marie... j'ai rendez-vous avec un copain ! Téléphone ! »

Et ça dure jusqu'à ce qu'elle se résigne à faire ce que je lui demande. Le téléphone est un instrument que j'adore et déteste à la fois. Je suis jalouse de ceux qui s'en servent avec facilité. Jalouse parce que, à treize ans, on commence à passer une partie de sa vie avec les copains, et, pour les sourds, le téléphone doit toujours passer par un entendant. Marie téléphone chez le copain, tombe sur sa mère ou son père, elle est gênée, elle n'aime pas être obligée de dire :

« Excusez-moi, je voudrais parler à Truc, c'est pour ma sœur Emmanuelle. Il faudrait lui dire que... »

Les parents n'ont pas besoin de tout savoir... Ensuite elle doit me faire le compte rendu de ce qui s'est dit au téléphone. Je le trouve toujours trop court.

« On t'a rien dit de plus ?

— Non, rien. Sa mère a dit qu'elle était pas là, elle te rappellera.

— Mais quand ?

— J'en sais rien, moi ! tu m'embêtes ! »

Je comprends qu'elle en ait marre. Mes demandes sont incessantes, dans un sens ou dans l'autre. Si je ne peux pas aller quelque part, il faut qu'elle prévienne à ma place, si je dois changer une heure de rendez-vous, c'est la même chose.

A l'époque, nous n'avons pas encore de Minitel ; je l'ai eu à quinze ans. Marie est mon téléphone parlant. Elle le restera toute mon adolescence, jusqu'à l'arrivée du Minitel.

Je lui raconte mes secrets, pas tous, elle sait qui je vois ou ne vois pas, pour le moment ou plus du tout. Bien obligée. Marie prend sur elle, la plupart du temps. Elle grandit en même temps que moi, en double vie, en double de beaucoup de choses. Marie, c'est... Marie, ma sœur. Je l'aime.

Je la taquine beaucoup, aussi. Peut-être par jalousie. Non, jalousie n'est pas le bon mot. Frustration. Marie a des rapports avec mon père que je ne peux pas avoir.

Le piano est un symbole de cette frustration douloureuse.

Elle a commencé à jouer très tôt. Nous sommes dans le salon, Marie joue avec mon père. Avant, c'était moi qui m'installais à côté de lui. Je l'écoutais jouer, je cherchais à percevoir les sons aigus, les sons graves ; l'appareil auditif est nul pour ça, comme pour le reste, mais je sentais tout de même la musique de papa.

Maintenant, c'est Marie. Tout à coup je suis

exclue. Ils sont complices devant cet instrument dont ils perçoivent exactement la même chose. Leurs mains courent sur le clavier, ils sourient, penchent la tête, se parlent, s'écoutent. C'est une histoire d'amour entre eux. Je vois l'amour passer dans leur musique. C'est insupportable. J'arrache mon appareil, je m'en vais, je n'en peux plus. Elle a la chance de partager ça avec mon père, je hais ce piano. J'ai horreur de ce piano.

La première fois, j'ai exprimé quelque chose, un mécontentement, je ne sais pas comment. Ensuite, je me suis contentée d'aller dans ma chambre, toute seule. Souffrance de l'exclusion. Différence. Impossibilité de rejoindre mon père comme elle, sur le même terrain, celui de la musique.

Cette musique qu'il m'a donnée pourtant, dont grâce à lui je peux profiter, qui me permet de vibrer, de danser. Mais cette musique qui n'était qu'à nous deux ne l'est plus.

La frustration, Marie l'a découverte aussi. Elle est encore petite, peut-être un an... la chronologie me fait toujours défaut à cette période. C'est après notre retour de Washington, en tout cas. Un soir, nous avons invité à la maison Alfredo Corrado et deux de ses amis. A table, tout le monde signe. Ça discute, mes parents sont encore maladroits, ils se trompent, demandent une précision, recommencent. Alfredo rit, je ris, c'est si bon de parler sa langue, d'être en sécurité, en confiance. Tout à coup, Marie grimpe sur la table et se met à trépigner, à taper du pied. Elle crie, elle pleure. Alfredo est surpris de cette violence. Cette petite chose hystérique qui pique une colère infernale le laisse pantois.

Marie veut seulement attirer l'attention sur elle.

Qu'on ne l'oublie pas. Qu'on se souvienne qu'elle est entendante, elle ! Cette conversation complice qui ne se préoccupe pas de son existence la rend furieuse.

Je comprends si bien. A cinq ans, moi, j'étais totalement exclue à table. Toutes ces bouches qui parlaient vite, ces poissons muets qui s'agitaient dans un bocal, me laissaient de côté, sur la plage. C'est au tour de Marie d'en avoir marre des signes. Ou marre tout court. Avant, on lui parlait, maintenant, on signe pour moi. Jalousie ? Non, frustration. Je connais bien. Une manière de rappeler aux autres son identité.

J'ai bien jeté mon appareil quand elle s'est mise à jouer du piano avec papa. Je lui aurais bien claqué le couvercle sur les doigts. Les doigts de papa ou de Marie ? Les doigts de ce maudit piano qui parle sans moi avec ceux que j'aime.

Piano solo. Emmanuelle solo.

13

PASSION VANILLE

J'ai décidé de ne plus rien faire en classe. J'en ai marre de leurs cours, marre de lire sur des lèvres, marre de m'escrimer à faire sortir des grincements de ma voix, marre de l'histoire, de la géo, même du français, marre des professeurs découragés qui n'en finissent pas de m'engueuler, marre de moi au milieu des autres. La réalité me dégoûte un peu. Alors je décide de ne plus la regarder en face. Je fais ma révolution.

Passer ma vie à l'école, c'est ridicule. Les heures les plus importantes de ma vie se perdent en prison. J'ai l'impression qu'on ne m'aime pas, que je n'arrive pas à suivre. Et que tout ça ne sert à rien.

L'avenir est quelque chose de mystérieux. Je ne sais pas ce que c'est. Je ne veux pas savoir. Je me dis : « On va mettre ça de côté, en attendant. »

Et en attendant, je rêve de voyages, de randonnées illimitées, de voir du pays, d'autres cultures, d'autres gens. Je rêve de VIE. Je n'écoute pas. Même les erreurs, j'ai envie de les connaître. On a beau me dire : « Attention à ci, attention à ça... tu va faire des erreurs. »

A treize ans, je suis contre le système, contre la manière dont les entendants gèrent notre société de sourds. J'ai le sentiment d'être manipulée, on veut effacer mon identité de sourde. Au lycée, c'est comme si on me disait :

« Il faut que ta surdité ne se voie pas, il faut que tu entendes avec ton appareil, que tu parles comme une entendante. La langue des signes, ce n'est pas beau. C'est une langue inférieure... »

C'est essentiellement contre cette stupidité que ma révolte gronde. Je l'ai entendue toute mon enfance ; je me suis tue, jusqu'au moment où cette sorte de colère a éclaté.

A treize ans, j'explose. Je suis contre tout. Je veux mon monde à moi, ma langue à moi, et que personne ne s'en mêle.

La surdité est le seul « handicap » qui ne se voit pas. On voit les gens en fauteuils roulants, on voit que quelqu'un est aveugle, ou mutilé, mais on ne voit pas la surdité, alors les autres rêvent de l'effacer, puisqu'elle n'est pas visible. Ils ne comprennent pas que les sourds n'aient pas envie d'entendre. Ils nous veulent semblables à eux, avec les mêmes désirs, donc les mêmes frustrations. Ils veulent combler un manque que nous n'avons pas.

Entendre, je m'en fous ! Je n'en ai pas envie, ça ne me manque pas, je ne sais même pas ce que c'est. On ne peut pas avoir envie de quelque chose qu'on ignore.

Je passe mon temps à balancer mes cheveux dans mon dos, à tirer sur les boucles qui descendent jusqu'à mes reins, à secouer la tête comme les stars de la télé. Je mâchonne mollement du chewing-gum d'un air blasé. M'inonde de parfum à la vanille, à écœurer toute la famille. C'est ma révolte vanille.

Mon corps a changé, je me sens devenir femme. Je découvre le plaisir de la séduction. Je découvre les hommes. Avant, l'homme c'était mon père.

Maintenant, je comprends qu'il y a d'autres relations avec les hommes. Il y a la sexualité.

Il y a un petit homme dans mon environnement. Il me guette, et je le guette. C'est ma passion vanille. Mon amour au parfum fort, épicé, étranger au parfum de la famille, mon amour exotique. Celui que personne ne m'a donné d'avance, celui que je découvre à l'aventure. Celui qu'on m'interdit, donc qui me fait envie et que je prends d'instinct.

J'aime mes parents, j'aime ma famille, mais il me faut l'autre amour. Je ne veux plus de l'autorité de mes parents.

Je ne vais plus leur poser de questions à eux. Je vais les poser à mon amour sourd. Eux ils parlent de limites, de raisonnable, de normes, du droit que j'ai, ou n'ai pas, de faire quelque chose. Mon droit à moi, je l'ai dans la tête.

L'amour est un droit imprescriptible. Tomber amoureuse à treize ans, je reconnais maintenant que c'est un peu jeune, mais c'est ainsi, Roméo et Juliette avaient quinze ans. Pas un petit amour, un grand, un fort, un violent, un amour entêtant, qui va occuper trois ans de mon existence.

Trois ans de « sentimentalisme ». Le sentimentalisme, pour moi, c'est l'ensemble de l'amour. Celui de la tête et celui du cœur et du corps. La passion, et le besoin de l'autre, la confiance totale. C'est donner et recevoir, mais essentiellement donner. Je crois que l'on peut tout donner en amour. Et qu'il faut apprendre à recevoir.

L'amour, c'est se dépasser soi-même, essayer d'accepter l'autre tel qu'il est. Avec ses différences.

C'est large, l'amour. J'en ai pour ma sœur, pour ma mère, pour mon père. J'en ai maintenant pour quelqu'un d'autre. Il est différent.

Dans le grand A, il y a plein d'amours différents.

Je cherche l'amour comme une grande. Je suis devenue une petite adulte, trop vite, on dirait que j'ai vieilli en accéléré. Je suis passée d'une enfance surprotégée à une adolescence boulimique d'aventure et de liberté.

Non, je n'ai pas eu une enfance malheureuse. Ce n'était pas l'horreur. J'étais un peu coincée, bloquée, enfermée, mais j'ai pu m'exprimer ensuite, et mes parents m'aimaient. Ils m'ont acceptée avec ma différence, ils ont tout fait pour la partager. Je connais des enfants sourds qui ont vécu bien pire que moi. Sans amour, sans communication, dans le désert affectif total. Moi, à treize ans, chanceuse d'avoir les parents que j'ai. Eux, ces sourds, malchanceux sur toute la ligne.

L'idée « révolte » est que je veux tout essayer, tout voir, tout comprendre. Et le faire seule.

Peut-être rattraper quelque chose qui m'a manqué, mais je ne vois pas quoi. Je n'ai manqué ni d'amour, ni de compréhension, ni d'aide. Alors ? Je ne sais pas, c'est physique. Rattraper la liberté ? L'indépendance ?

Mes parents s'inquiètent. De ma révolte, et aussi parce que je suis sourde. Surtout ma mère. Elle a peur que je lui échappe, peur que je ne dépende plus des entendants, mais des autres, des sourds, et qu'elle n'ait plus de contrôle là-dessus. Donc que je ne sois plus en sécurité.

Avec mon père, les rapports sont devenus difficiles. On ne communique plus. Il a ses problèmes, moi les miens. Le combat est silencieux entre nous, non dit, mais c'est celui, classique, de l'affrontement père-fille, adulte-adolescent.

Aussi, dans une certaine mesure, je le transpose en combat « entendant-sourd. »

J'aime un sourd, je passe mon temps avec les sourds. Mes parents sont exclus.

Tous les deux ne s'attendaient pas à ce que la fameuse crise de l'adolescence vienne aussi vite. Et encore moins que je revendique une histoire d'amour totale à ce point.

Je plonge dans l'amour et dans la révolte, comme on plonge dans la mer ; avec délice et sans peur, ni des vagues ni du fond vertigineux qui danse sous moi.

J'ai envie de LUI. Il a quatre ans de plus que moi, il est brun avec des yeux bleus. Il est musclé, solide, j'aime son côté un peu sauvage, marginal. Il est sourd, il signe argotique, le langage de la rue. Il est beau ? Maman dit :

« Un peu voyou. »

C'est vrai.

Marie dit :

« Un peu rouleur de mécanique. »

C'est vrai aussi.

Papa dit :

« Il est violent. Quitte-le, c'est une mauvaise fréquentation. »

C'est vrai. Mais je ne le quitte pas. Au contraire, je réponds mal :

« Tais-toi, ferme-la, je l'aime ! »

On s'est embrassés la première fois, après l'école. Un rendez-vous caché, derrière les arbres d'un square, au milieu des balançoires, des toboggans, des jouets d'enfants.

Le baiser. J'ignorais le baiser.

Est-ce que j'allais aimer ça ? Le goût d'une autre bouche ?

Les autres filles de la classe, plus grandes que moi, entre quinze et seize ans, m'avaient expliqué. Entre sourds on se dit tout, on se demande tout. Je voulais être aussi « malignes » qu'elles en amour, me mettre à leur niveau. On m'a donc fait un « cours » sur le baiser. Donc, en théorie, je savais. En pratique non.

J'aime LUI. J'aime tout de LUI.

Je commence à rentrer tard, à faire l'école buissonnière, les parents s'en rendent compte, ils essayent de me créer des limites. Mais c'est trop tard, je m'en fiche. Je saute par-dessus, je ne suis pas attentive au danger, je veux les trouver moi-même, ces limites.

Le comble est que mes parents sont, à mon avis, maladroits durant cette période. Ils ne me briment pas. Ils essayent de discuter, de parler de ce qui m'arrive. Ils interdisent, mais ils palabrent... et ça ne marche pas.

Je sors de l'école à quatre heures, je dois être à la maison à cinq heures ; petit à petit, c'est cinq heures et demie, puis six heures, puis sept heures. Maman dit :

« Fais attention à l'heure, ne rentre pas trop tard, tu as du travail, c'est important l'école ! »

Papa dit :

« Il faut nous prévenir quand tu rentres tard ! »

Et moi je signe en colère :

« Je vous préviens comment ? Je ne peux pas téléphoner, je suis sourde !

— Tu exagères, tu peux demander à quelqu'un de téléphoner.

— C'est chiant ! »

C'est vrai, je pourrais. Mais je n'en ai pas envie. Je me réfugie derrière ma surdité pour justifier mon besoin d'indépendance. Peut-être aussi pour que mes parents s'inquiètent. Une façon de leur faire comprendre que je suis mal dans ma peau, que rien ne va plus, que si je cherche l'aventure et la liberté, c'est pour brûler mes ailes enfantines. Toutes ces années où j'étais dépendante d'eux, absolument, pour tout. De leur amour protecteur, éducateur. Habituée à ne parler qu'à eux, à ne questionner qu'eux.

. La communauté des copains sourds m'offre cette liberté. Avec eux, je me sens chez moi, sur ma planète. Nous discutons des heures, au métro Auber. La station de métro est notre base de rendez-vous. Notre base de révolte. Notre base de famille tout court. Un territoire. Maintenant, ça se passe au métro Châtelet.

Il y a de tout, comme fréquentations : des gens bien et des pas bien, des « bien élevés » et ceux qui ne l'ont pas été du tout. Il y a des voyous, des petits dealers, des trafiquants, des amateurs de petits boulots, des copains et des copines de lycée... C'est une communauté d'adolescents avec les problèmes communs de l'âge, la surdité en plus. Et nous n'avons que cet endroit pour nous retrouver.

Tous ces garçons et toutes ces filles, âges mélangés, ethnies mélangées, milieux sociaux mélangés, signent à en perdre le souffle. On se raconte les films, la télé, les histoires et les cancans qui courent sur les uns et les autres. On rit, on fume, on « emmerde » le bourgeois entendant qui passe, l'œil réprobateur. On « engueule » le badaud qui s'arrête, surpris, parce qu'il n'a jamais vu de sourds parler avec les mains, bouger, grimacer, mimer, hurler de rire en silence dans le fracas des roues du métro. On rit des dragueurs entendants, qui filent à l'anglaise quand on leur mime : « Je suis sourde, qu'est-ce que tu veux ? »

On organise des boums, sono hurlante, les uns chez les autres. On va en boîtes, sono hurlante, alcool, et joints.

On envahit les McDo, les restaurants grecs, les bistrots.

Besoin. Énorme besoin de se retrouver entre nous, pareils, sourds, et libres de l'être.

Je gomme l'autorité et le pouvoir de mes parents sur moi.

S'ils m'avaient bouclée, j'aurais fait le mur. Ma révolte, à cette époque, et mon amour pour ce garçon m'auraient fait sauter tous les obstacles. Au risque de me perdre. Et j'ai bien failli.

Au fond, j'avais besoin de cette révolte comme d'une source désaltérante.

Au fond, j'ai dû aimer l'amour plus que ce garçon lui-même.

14

MOUETTE EN CAGE

Je crie, je parle mal, mais je m'en fiche. Je montre ma colère en criant. Tout le monde peut voir que je suis en colère. Mais devant l'injustice et l'humiliation, ma colère est impuissante. J'ai mal.

J'ai treize ans, ma copine quinze ou seize, de toute façon je suis toujours la plus jeune dans une bande.

Une boum est organisée vers une heure de l'après-midi, j'ai promis de rentrer à quatre heures. Si j'ai promis, il faut que je tienne parole, j'ai déjà assez d'ennuis comme ça.

Au moment de partir, les choses se présentent bizarrement. Ma copine a bu de la sangria, les deux garçons qui nous accompagnent aussi. Moi, pas du tout. A treize ans, je ne bois pas d'alcool. Nous partons à quatre dans le RER. La sangria fait son effet. Ma copine rigole, fait l'imbécile, les garçons aussi. Dans le wagon, les gens nous regardent de travers. Quatre jeunes sourds, qui se « tiennent mal ». Pour eux, nous gesticulons trop, nous grimaçons trop, nous rions trop. J'ai souvent remarqué ce recul, comme si on leur faisait peur.

Je ne sais plus qui a commencé, ma copine, ou un des garçons. Il y a des petites affiches de publicité derrière une plaque de verre. Elle ou il veut cette publicité et l'arrache de son cadre. Nous n'avons que le sentiment de nous livrer à une grosse rigolade, mais une vieille dame qui nous guettait depuis le début prend peur et tire la sonnette d'alarme. Le métro s'arrête, un contrôleur monte et dit :

« Vous n'avez pas le droit de faire ça ! »

Et l'affreux malentendu commence. J'essaye d'expliquer que ma copine a bu un peu trop de sangria, que ce n'est pas de sa faute. Le contrôleur ne doit rien comprendre, et l'un des garçons sourds et un peu éméché de notre petit groupe intervient. Il commence à s'engueuler avec le contrôleur, qui appelle la police. Les deux garçons s'énervent davantage.

Nous voilà tous les quatre devant les « flics », essayant vainement d'expliquer le pourquoi de la « bêtise ». Ils ne veulent rien savoir. L'objet du délit a été arraché dans le métro, il est là, visible ; seule cette pièce à conviction de notre « comportement de loubards » les intéresse. Il paraît que l'on nomme cela « destruction de mobilier urbain ».

On nous traîne dans un premier commissariat, puis dans un autre ; en tout nous allons en faire trois ou quatre.

Moi qui n'ai rien fait, même pas bu, je trouve l'histoire infernale, incroyable. Je veux absolument rentrer chez moi. Il faut que j'arrive à expliquer la vérité. Toute bête. Mais les garçons ne se calment pas, les flics non plus, le temps passe, et je commence à avoir peur de rester coincée là.

Finalement, dans un moment de calme, je recommence à expliquer où nous étions, pourquoi mes amis ont bu et sont excités... que je n'ai rien fait de mal... rien bu, rien cassé... Je fais des efforts

110

terribles pour oraliser et signer en même temps. Je ne sais pas s'ils comprennent.

J'en ai assez, je veux qu'on prévienne mes parents. Ils vont s'inquiéter, et je veux qu'ils sachent où je suis.

« Téléphonez, téléphonez... »

Je m'égosille à les supplier. Ils ont ma carte d'identité, mon nom, mon adresse, j'ai écrit le numéro de téléphone sur un papier, pourquoi n'appellent-ils pas ? Ils me font oui... oui... de la tête, mais ne téléphonent toujours pas ! Je ne sais pas combien de fois je répète la même chose. C'est obsédant. Mais aucun dialogue n'est possible avec ces gens en uniforme.

On nous change de commissariat pour une histoire de papier, à laquelle je ne comprends rien. L'heure passe abominablement. Il est sept heures et demie du soir, la nuit est tombée. Ce n'est pas normal, je n'ai que treize ans, je suis mineure, ils n'ont pas le droit de me trimbaler comme ça sans prévenir mes parents. Je recommence à m'expliquer. J'en suis verte de rage. J'en ai marre de dire à cette femme agent que je n'ai rien fait de mal, que ce sont les garçons qui se sont énervés parce qu'ils avaient bu ! J'ai l'impression d'être un perroquet affolé qui répète la même chose pour la millième fois. Tout cela est invraisemblable. Et de toute façon, on ne met pas deux gamines en taule pour une pub de métro de trente centimètres qui vante du Canigou, la Loterie nationale ou du savon ! Je ne sais même pas si elle comprend ou si elle ne veut pas comprendre, c'est le mur de Berlin, cette femme.

Un autre commissariat, d'autres papiers. J'ai vraiment peur maintenant. Je croyais que la police était le symbole de la sécurité. C'est fini, je n'ai plus confiance, je suis en territoire ennemi. La trouille.

On nous fait monter dans un car de police. Je respire un peu mieux. Cette fois, ils vont me ramener à la maison, tout va s'arranger, je me rassure. En fait, le car s'arrête devant une prison. Une vraie prison, avec un portail en fer, des murs !

Je refuse de descendre du car. Je ne veux pas entrer là-dedans. S'ils m'enferment, je n'en sortirai plus !

Les garçons ne sont plus avec nous, ils les ont emmenés ailleurs. Nous sommes seules, ma copine et moi, à nous regarder, effrayées, à signer avec angoisse :

« Ils ont pas téléphoné !

— Ils veulent pas !

— On va nous boucler !

— Je veux pas descendre ! »

Je m'énerve. La colère me reprend à la gorge, je hurle :

« Téléphonez à mes parents ! Ils vont s'inquiéter ! S'il vous plaît, pensez à eux ! Je veux que vous téléphoniez ! »

Un flic me remballe méchamment :

« Écrase ! »

C'est une vraie menace. Je n'ai plus le droit de m'exprimer.

On nous fait descendre de force, nous passons le porche de la prison. Une bonne sœur nous attend à la porte. On la suit. Tout ça est tellement fou, tellement injuste.

Je suis coupable de quoi ? d'avoir voulu expliquer ? de ce qu'ont fait les autres ? J'ai l'impression que l'injustice retombe sur moi. Que c'est moi qui en prends plein la « tronche ». C'est écœurant. Monstrueux de me faire ça !

On pénètre dans une salle, une femme nous dit d'enlever les lacets de nos chaussures, de retirer nos bracelets. Elle met le tout dans deux petits sacs plastique.

« Pourquoi vous faites ça ?

— Suicide. On peut se pendre avec un lacet. »

Je reçois un autre choc, terrible. Cette fois, l'angoisse m'envahit. La détresse noire, profonde. Je suis vraiment en prison, comme une criminelle. On me pique mes lacets comme on le fait aux assassins ! Ça sent le sinistre, ici, le désespoir et la mort. Et les parents qui ne savent rien. Qui doivent penser que j'ai désobéi, que je traîne encore dans cette boum, ou avec mon petit copain, qui ne savent pas où téléphoner, chez quel sourd, pour demander à qui n'en saura rien : « Où est Emmanuelle ? »

La femme nous propose de manger quelque chose, une tomate, un œuf... Je n'ai pas faim. Ma copine non plus. Alors on nous entraîne dans une salle immense. Au milieu, un escalier monte vers les cellules de chaque côté. La bonne sœur nous précède avec un énorme trousseau de clés. Il y a des filles entassées dans d'autres salles. Je me demande si elle nous montre tout ça pour nous faire peur.

Elle ouvre la porte d'une cellule, lumière blafarde, et me pousse en avant, seule.

« Je veux dormir avec ma copine ! »

Elle refuse. Elle veut nous séparer. Alors je me mets à hurler, hurler, hurler. Mouette hurlant dans la tempête. Je ne supporterai pas d'être enfermée seule là-dedans ! Je veux ma copine, j'ai trop peur. Toute la nuit entre ces murs dégueulasses, sans elle, sans pouvoir parler à quelqu'un, pas possible ! Je hurle tellement que la bonne sœur cède.

Clac. Enfermées toutes les deux. Des lits en fer superposés, pas de draps, des sortes de couvertures grises, pliées en quatre. Un trou qui sert de « chiottes », immonde. Un lavabo, minable. On se serre l'une contre l'autre, collées par la trouille.

Que va-t-il se passer ? On ne nous a rien dit. Combien de temps là-dedans ? Les parents ? Où sommes-nous ?

C'est un cauchemar. Une véritable panique. L'enfermement, même à deux, nous terrifie. L'injustice, pourquoi ? L'impossibilité de se faire comprendre, pourquoi ? Ne pas prévenir les parents, pourquoi ? Qu'est-ce qu'ils nous veulent ? Nous nous sentons parias, misérables, humiliées. Colère et terreur, désespoir et angoisse.

Ce taudis qui pue. Cette nuit qui avance lentement dans un noir silence. Qu'est-ce qu'on peut faire ? Taper, donner des coups de pied dans cette saloperie de porte ? Ils s'en foutent. Ils se foutent de nous depuis le début.

Nous remettre à hurler ? Je n'en ai plus la force. Je suis paumée, perdue. Je ne sais même pas où je suis. Dans quelle prison ? L'idée sournoise que je vais finir ma vie là-dedans, que plus personne ne va venir me chercher, parce que personne ne m'entendra, parce que personne ne préviendra mes parents. C'est une séquestration. Nous sommes des otages de ces flics entendants, qui nous méprisent. Ils ont vu que nous étions sourdes. Ils m'ont vue les supplier, ils ont mes papiers, ils savent mon âge. Même s'ils croient que j'ai commis un crime affreux, ils n'ont pas le droit de priver mes parents d'informations ! On nous a enfermées là-dedans comme des chiens méchants ! Comme des animaux galeux à qui on ne parle pas, qu'on bouscule, qu'on traîne de force, à qui on dit : « Ta gueule ! »

Je les hais. Ils me font peur, et je les hais.

Au bout de la nuit, nous nous endormons d'épuisement. Deux femmes nous réveillent au matin. Je recommence à expliquer que je n'ai rien fait et que je veux qu'on téléphone à mes parents. Cette femme n'écoute toujours pas. Elle veut carrément me mettre les mains dans le dos, pour les menottes ! On me ficelle maintenant ! On m'attache, et on ne m'écoute toujours pas.

Dehors, on nous pousse dans une voiture, les mains dans le dos. Pour aller où ? Ils parlent entre eux, je ne comprends pas. Nous revoilà dans un commissariat, on recommence des papiers. Et moi je recommence ce que j'ai fait la veille. Expliquer, expliquer, à perdre haleine, à en avoir mal à la gorge, à m'en tordre la bouche.

« Téléphonez à mes parents... »

Puis tout à coup, ça suffit. La peur fait place à la colère. J'en ai marre qu'on me fasse oui, oui de la tête, comme si j'étais une débile. Je hurle :

« J'en ai ras le bol des oui ! Ça suffit ! »

Et j'attrape le téléphone sous le nez de cette femme stupide, je fais le numéro en hurlant toujours, je lui tends le combiné, je le lui mets de force à l'oreille, j'ai les larmes aux yeux, tellement je n'en peux plus.

« Parlez... je vous en supplie, parlez... »

Je la dévore du regard. Ça marche, ça y est, elle parle.

Elle parle avec quelqu'un chez moi. Elle raccroche au bout d'un temps qui me paraît court. Je comprends qu'elle a eu mon père, et qu'il arrive, enfin !

Ma gorge se dénoue, la colère retombe. Mais ma copine ? Ses parents sont sourds, comment leur téléphoner ? Papa va nous arranger ça.

Nous sommes dans un commissariat pour mineurs, il y a beaucoup de jeunes. En attendant, j'essaye de communiquer avec une autre fille, qui attend comme nous. Elle me fait comprendre qu'elle a fait une fugue. Je lui raconte en quelques mots l'histoire de la sangria, de la pub et du métro. Sa mère arrive, l'air très en colère, le visage méchant. Elle discute avec les flics, la fille ne dit rien. Elle attend. Tout à coup, sa mère la frappe, je vois son nez qui saigne.

Est-ce que mon père va me frapper aussi ? Mes parents ne m'ont jamais frappée, mais, dans une situation semblable, ce qui vient d'arriver à cette fille peut m'arriver à moi. Pourquoi l'a-t-elle frappée ? Ce n'est pas logique. Je ne comprends pas. Je n'imaginais pas de violence entre mère et fille.

Voilà que la compréhension m'échappe. Je n'ai plus de logique d'esprit. J'ai vraiment peur que mon père me gifle en arrivant.

Il me prend dans ses bras, et je chiale. Je chiale...

Puis j'explique ce qui nous est arrivé. Tout, la sangria, le métro, la pub, la nuit en taule. Ces flics qui ne voulaient pas téléphoner. Ce maudit téléphone !

Bien sûr, mes parents étaient terriblement inquiets, ils allaient prévenir la police au matin, quand j'ai enfin réussi à le faire marcher, ce maudit téléphone. Et mon père est furieux, choqué. Il demande des explications.

Les flics défilent devant lui :

« Ce n'est pas moi qui m'occupe de prévenir les parents des mineurs, moi j'accompagne... »

« Ah ! c'est pas mon boulot, moi, je transfère les mineurs, on ne me dit pas pourquoi ! »

Papa est dans une colère ! Il s'engueule avec les flics. Il veut porter plainte, alerter les avocats et la presse. Mais il ne le fera pas car, dans le même temps, ma petite sœur Marie a été victime d'un grave accident de la route et est à l'hôpital, où mes parents la veillent tous les jours. Et il veut ramener avec nous ma copine, dont les parents sourds ne sont toujours pas prévenus. Le flic ne veut pas :

« Ah ! non, il faut que ses parents viennent !

— Mais comment allez-vous les prévenir ?

— Pas de problème, on s'en occupe. Ce n'est pas à vous de l'emmener, vous n'êtes pas son père. »

Il n'y a rien à faire. On est malheureux de la laisser là.

La pauvre fille m'a dit plus tard qu'elle avait dû attendre jusqu'au soir, dans ce commissariat, que ses parents arrivent. Il avait fallu téléphoner à un voisin, lequel en avait prévenu un autre, je ne sais plus. Une journée de plus pour que les parents soient enfin mis au courant par la police !

Les garçons aussi sont allés en prison, mais eux se sentaient un peu coupables. Ils ne l'ont pas ressenti comme moi. Moi, j'ai mal vécu cette histoire. Flics et entendants, même combat. A treize ans, dans l'état de révolte où je me trouvais déjà, je me suis braquée davantage encore. A ce moment-là, j'aurais eu besoin d'une image sécurisante, positive, de la police, de la société qu'elle représentait, au fond : les entendants.

Le mépris dont ces gens ont fait preuve m'a marquée. Je ne l'ai jamais oublié. Je ne pouvais plus avoir confiance en personne après ça. Il y avait leur monde et le mien. Leur monde me mettait en prison en refusant de communiquer avec moi. Sans faire un effort pour comprendre. Comme si le mur de mon enfance venait de resurgir. C'était un film d'horreur, cet enfermement. Mon imagination n'avait plus de limites. Je me demandais ce que ces flics allaient inventer, ce qu'ils allaient nous faire. Il se tramait quelque chose d'horrible, mes parents ne me retrouveraient peut-être jamais. C'était à nouveau l'isolement, l'incommunicable, avec cette fois l'humiliation en plus, et la conscience totale que j'en avais à cet âge.

Quand je repense à cet épisode, à la sensation terrible d'injustice, de mépris pour ce que j'étais, je ressens encore des frissons. J'avais besoin de mon père ou de ma mère ce jour-là. J'y avais droit. J'avais besoin qu'on m'écoute, j'y avais droit.

Au lieu de cela, on m'a refoulée vers la solitude, vers le temps où je tirais ma mère par la manche, pour qu'elle m'écoute. Le temps où le moindre froncement de sourcils de mon père, un semblant de colère m'inquiétaient. Le temps où le monde des entendants était un mystère immense, une somme d'incompréhensions multiples, une planète inconnue, dangereuse.

Si on m'avait laissé la possibilité de parler à mon rythme, avec ma voix, si on avait respecté l'individu que je suis, cette accumulation de malentendus, puis d'injustices, ne se serait pas produite. Et peut-être que ma révolte, mes bêtises à venir, qui sont allées bien au-delà, se seraient calmées. Peut-être...

Après ce traumatisme, j'ai essayé d'expliquer à mes parents ce que j'avais ressenti. Je n'ai pas pu le faire tout de suite, tellement j'étais choquée. Puis j'ai raconté, globalement, mais tout ce que je ressentais profondément, la sensation que j'avais, c'était impossible. L'impression qu'on avait violé mon âme d'enfant. C'était vraiment ça, l'image dans ma tête. La perception et la vision que j'avais du monde avaient été violées. On avait cassé une image de protection, de sécurité, de confiance. C'était une déchirure. Mais je ne trouvais pas les mots pour le dire sur le moment. Maintenant encore, je dis « viol », « déchirure », mais je ne sais pas si ce sont exactement les mots. J'ai l'impression que c'est encore plus fort. Mes parents n'ont peut-être pas compris ce que j'ai ressenti si violemment en moi. Il y avait de la souffrance, de l'humiliation, de l'injustice, de la rage. On s'était trompé sur moi, on m'avait pris, au fond, pour une débile qui subit sans comprendre, et je voyais bien que leur comportement était méprisant. Ça m'a fait si mal.

Je hurlais derrière des barreaux à des gens qui ne voulaient pas entendre. Je n'ai pas réussi à dépasser la situation, à me rassurer. L'injustice est quelque chose d'horrible. En prison on est contraint de se taire et d'accepter. Jamais je n'ai ressenti de souffrance aussi forte que celle-là.

15

DANGER VOLÉ

Le Minitel est arrivé ! L'objet magique. La communication sans intermédiaire. J'en pleure d'émotion. Une liberté de plus. Un trésor de liberté, à quinze ans !

Cet instrument me permet de communiquer librement avec mes copains, par écrit. C'est un cadeau somptueux, une libération !

Les parents m'ont fait une surprise. Je vois cette sorte de petite machine à écrire branchée sur le téléphone, avec un écran de télévision. Ma mère a tout préparé, je n'ai qu'à brancher la ligne. Mon amie Claire m'appelle, un flash se met à fonctionner, et je vois apparaître sur l'écran les phrases de ma correspondante. Mon père, ma mère, Marie me regardent. La joie m'étouffe la gorge. Je découvre pour la première fois mon indépendance !

Je n'ai plus besoin d'enquiquiner ma sœur pour appeler Claire. On discute des heures, elle est encore plus bavarde que moi. Une heure ou deux à papoter sur cet appareil, elle me raconte sa vie, moi la mienne. C'est formidable pour nous, mais c'est cher. Et redoutable quand on a des secrets à quinze ans.

C'est à cause d'une copine que je me suis fait

prendre. Sans vouloir m'espionner le moins du monde, ma mère lit en mon absence, sur l'écran, un message inquiétant :

« Salut Emmanuelle ! T'es toujours malade ? »

Face à face avec ma mère, à mon retour, le soir.

« Alors tu es malade ? »

J'essaye de mentir, elle m'arrête très vite. La vérité est que j'ai séché les cours. Et ma mère n'a pas l'intention de laisser passer cette histoire.

La dispute est violente, en langue des signes ; ma mère crie en même temps, ce qui ne sert à rien, évidemment. Je signe :

« C'est pas la peine de hurler, je suis sourde ! »

Elle redouble de colère devant ma mauvaise foi. Sourde, oui, mais surtout menteuse. La dispute reprend de plus belle, et Marie, terrorisée, se réfugie dans sa chambre en pleurant. Un peu plus tard, c'est moi qui pleure dans la mienne. Puis Marie me rejoint et nous pleurons encore toutes les deux.

Car tout est grave pour moi, à ce moment-là, surtout le fait que mes parents n'acceptent pas mon histoire d'amour avec ce garçon. Ils ont peur de cette relation forte, violente, avec un garçon plus âgé que moi, marginal, qui ne veut plus aller en classe, qui trafique on ne sait quoi, qui se bagarre souvent, toujours les poings et la violence en avant, qui est possessif, exigeant, et en qui j'ai, moi, une confiance aveugle. Mon « voyou ». Eux, ils savent qu'il faut en avoir peur ; moi, non. Je suis tellement attirée, et lui aussi, que plus rien n'est clair dans notre histoire, à part cette attirance. Je ne pense pas une seconde à ce qui ne va pas chez lui ; pourquoi cette violence, pourquoi cette marginalité, ce tempérament excessif ? Je crois le connaître mieux que les autres, puisque je l'aime. Il n'a pas la chance d'avoir des parents comme les miens. Il cherche l'amour, comme moi ; il me veut, moi ; je le veux, lui. Enfermée dans cette histoire personnelle et un peu folle, je n'écoute plus rien. Il est « paumé » ? Et après ? Je l'aime. Point. C'est tout.

D'ailleurs, ce n'est pas essentiellement à cause de lui que je sèche les cours. C'est l'oralisation des cours qui me fait fuir. Le sentiment de perdre un temps précieux. Je veux vivre.

Mon père, le soir, reprend la discussion-colère. Cette fois, je l'écoute sans rien dire, le cœur serré.

Je ne sécherai plus jamais les cours. Je le promets, et je tiens ma promesse, mais Emmanuelle Laborit n'écoute plus. Elle est absente au cours, tout en étant là. Les professeurs s'énervent, ils n'arrivent pas à percer la bulle dans laquelle je me suis installée, à l'abri de leurs grimaces. Parlez, parlez, il n'en restera rien. Demandez-moi d'ouvrir la bouche, je l'ouvre pour vous narguer, pour bavarder à gauche et à droite, mais pas pour apprendre ce que vous voulez faire entrer de force dans cette bouche.

Année de tous les dangers. De toutes les folies. De tous les apprentissages.

Année d'engagement « politique », aussi. Je participe à des manifestations pour la reconnaissance de la langue des signes. Pour moi, c'est positif, constructif. Je veux informer les sourds. Je me veux militante. Je veux qu'on cesse d'interdire ma langue, que les enfants sourds aient droit à l'éducation complète, que l'on crée pour eux une école bilingue. Il faut absolument, en France, faire la promotion de la langue des signes, que son enseignement ne soit pas réservé à une minorité, à une élite, et que l'on cesse de l'interdire. Sur ce sujet, ma mère me laisse faire :

« Si c'est important pour toi, vas-y, fonce. »

Mes parents me permettent déjà beaucoup de choses, hélas, j'en fais davantage. Ils ne savent pas, par exemple, ils l'apprendront par la rumeur, que je « fréquente ma bande » au métro Opéra. C'est la base des sourds de l'époque, le petit ghetto où tout se raconte, se commente, s'organise, entre sourds. Les jeunes entendants font cela ailleurs, dans les banlieues, les terrains vagues, les cours d'immeubles.

La grande différence est que lorsqu'un sourd rencontre pour la première fois un autre sourd, ils se racontent... des histoires de sourds, c'est-à-dire leur vie. Tout de suite, comme s'ils se connaissaient depuis une éternité. Le dialogue est immédiat, direct, facile. Rien à voir avec celui des entendants. Un entendant ne saute pas sur un autre au premier contact. Faire connaissance, c'est lent, c'est précautionneux, il faut du temps pour se connaître. Des tas de mots pour le dire. Ils ont leur manière de réfléchir, de construire leur pensée, différente de la mienne, de la nôtre.

Un entendant commence une phrase par le sujet, puis le verbe, le complément et enfin, tout au bout, « l'idée ». « J'ai décidé d'aller au restaurant manger des huîtres. »

(J'adore les huîtres.)

En langue des signes, on exprime d'abord l'idée principale, ensuite on ajoute éventuellement les détails et le décor de la phrase. Manger étant l'objectif principal, il est le signe premier dans la phrase. Pour les détails, je peux signer des kilomètres. Il paraît que je suis aussi friande de détails que d'huîtres.

De plus, chacun a sa manière de signer, son style. Comme des voix différentes. Il y a ceux qui en rajoutent pendant des heures. Et ceux qui font des raccourcis. Ceux qui signent argot, ou classique. Mais faire connaissance entre sourds prend quelques secondes.

Nous, on se connaît d'avance. « Tu es sourd ? Je suis sourd. » C'est parti. La solidarité est immédiate, comme deux touristes en pays étranger. Et la conversation va aussitôt à l'essentiel. « Qu'est-ce que tu fais ? T'aimes qui ? Qui tu fréquentes ? Qu'est-ce que tu penses de Untel ? Où tu vas ce soir ?... »

Avec ma mère aussi la communication est franche, directe. Elle n'est pas comme les entendants qui se cachent souvent derrière les mots, qui n'expriment pas profondément les choses.

Éducation, convenance, mot qu'on ne dit pas, mot suggéré, mot évité, mot grossier, mot interdit ou mot apparence. Mots non dits. Des mots comme un bouclier.

Il n'y a pas de signe interdit, caché, ou suggéré, ou grossier. Un signe est direct et signifie simplement ce qu'il représente. Parfois brutalement, pour un entendant.

Il était impensable, quand j'étais petite, que l'on m'interdise de montrer quelque chose ou quelqu'un du doigt par exemple ! On ne m'a pas dit : « Ne fais pas ça, c'est impoli ! »

Mon doigt qui désignait un être, ma main qui prenait un objet, c'était déjà ma communication à moi. Je n'avais pas d'interdit de comportement gestuel. Exprimer que l'on a faim, soif, ou mal au ventre, c'est visible. Que l'on aime, c'est visible, que l'on n'aime pas, c'est visible. Cela gêne peut-être, cette « visibilité », cette absence d'interdit conventionnel.

A treize ans, j'ai décidé que je ne voulais plus d'interdits, d'où qu'ils viennent. Mes parents ont tenu le choc comme ils ont pu. Au métro Auber, j'étais chez moi, dans ma communauté, libre.

Mais quand on grimpe à l'arrière d'un wagon de métro et qu'on file comme le vent de station en station, pour jouer les Jane de Tarzan... on peut se tuer. Je l'ai fait, je ne l'ai jamais dit, pardon les parents. Heureusement, je n'en suis pas morte. Cela a fait partie de mon apprentissage de la vie. Je brûlais tout ce que je pouvais, jusqu'au moment où quelqu'un ou quelque chose m'interdisait heureusement d'aller plus loin.

Un jour, après une des fêtes de SOS-Racisme, auxquelles j'ai toujours participé avec mes amis sourds et entendants, après avoir dansé, bavardé au hasard des rencontres, nous rentrons vers une heure du matin dans le métro. Les wagons sont bondés, les jeunes s'écrasent les uns contre les autres. Un grand type noir, qui n'a pas trouvé de place à l'intérieur, me fait signe, en rigolant, de le rejoindre entre deux wagons, et de m'accrocher comme lui à la poignée extérieure de la porte. Je trouve l'idée amusante, et plutôt que de m'entasser avec les autres, je l'imite.

J'ai peur, réellement, mais c'est une peur excitante. Les stations défilent l'une après l'autre, à chacune je suis persuadée que je n'aurai pas le courage d'aller jusqu'à la suivante. Mais je tiens bon. J'ai mis ma fierté à ne pas abandonner, je compte courageusement, comme un petit héros, jusqu'à la dernière station. Complètement inconsciente.

Je ne m'en suis jamais vantée. Aujourd'hui, je me fais peur rétrospectivement. A Auber, les rames de métro s'en souviennent peut-être.

Nous sommes dans une école oraliste toute la

journée. Dès qu'on en sort, il y a ce besoin exigeant de récupérer. Besoin d'être ensemble, de parler entre nous. De récupérer non seulement le temps perdu avec les entendants dans la journée, mais notre langue, notre identité. Nous n'aurions pas ce sentiment si la langue des signes était autorisée à l'école. Nous ne vivrions pas en ghetto. S'il n'y avait ni frustration ni censure, tout serait plus simple. Or, rien ne l'est pour nous. Quand on a passé une journée à comprendre la moitié de ce que raconte un prof, on n'a qu'une envie : se retrouver, parler, parler, faire des choses ensemble. C'est important d'être ensemble. Et c'est ensemble qu'on fait des bêtises.

J'ai quinze, seize ans environ, et envie d'un beau jean. Toutes les gamines de mon âge rêvent de fringues. Et la fringue idéale, c'est le jean. Pas le moche, bradé dans les boutiques de soldes, non. Le beau, le signé, le super look. Celui qui coûte au moins quatre cents francs.

Mais mes parents ne sont pas bien riches. Je leur coûte déjà un maximum, avec le Minitel, les cours, et le reste. Surtout, je refuse de réclamer de l'argent de poche en plus. Et l'orgueil va me faire faire LA bêtise. Cette fois, aucune excuse, je suis coupable d'avance. Nous sommes coupables.

Avec une copine, nous avons décidé d'aller piquer un jean chacune dans un grand magasin. Un Levi's. C'est cher.

Nous voilà au rayon, cherchant la marque, la taille. Dans la cabine d'essayage, on réussit à retirer le signal magnétique au bas du jean. Et on ressort toutes les deux, aux aguets, le jean discrètement enfoui dans un sac. La vendeuse chargée de surveiller les cabines d'essayage n'est pas là. On descend les étages, un peu sur le qui-vive, les yeux derrière la tête, et j'aperçois cette vendeuse qui nous regarde de loin, en discutant avec une femme en civil.

Je signe à ma copine :

« Elle nous surveille, je suis sûre qu'elle nous regarde.

— Mais non, ne t'inquiète pas. Tu te fais du cinéma. Pas de problème.

— Elle a l'air grave ! Je te dis qu'on est repérées...

— Arrête ! T'es parano ! »

L'escalator. La traversée du hall, on s'apprête à sortir, la porte est presque franchie, on est folles de joie.

Tout à coup, je me sens saisie par-derrière, la femme me retourne les mains dans le dos et me ramène dans le magasin. Aussitôt, ma copine signe en vitesse :

« Surtout ne parle pas ! N'émets pas un son. »

Je fais ce qu'elle dit. Aucun mot ne sort de ma bouche, ni de la sienne. Communication coupée. C'est notre seule défense, l'instinctive. Le refuge des sourds. Mais dans ma tête, ça travaille. Ils vont téléphoner à mes parents, c'est l'horreur. Je suis une voleuse.

Nous voilà au commissariat. La femme vide nos sacs. On regarde faire, toujours sans rien dire. Elle me demande ma carte d'identité, je fais semblant de ne pas comprendre.

Elle essaye de m'expliquer, de mimer, en me montrant des papiers. Elle a compris que nous sommes sourdes. Elle a bien vu que nous nous sommes parlé en langue des signes. Mais il n'est pas question pour nous de communiquer, surtout pas, c'est notre seul espoir d'embrouiller les choses. Ils fouillent dans nos cahiers, pour découvrir nos noms. Pas de chance, moi je ne mets pas mon nom sur mes cahiers. Je suis grande, je suis en seconde, plus à la maternelle. Par contre, ma copine le fait. Ils apprennent donc son nom, mais rien d'autre.

Ensuite, c'est la fouille. Une femme agent de police, agressive, nous malmène comme des poupées de chiffon. Je sens que le conflit s'aggrave. De plus, je ne supporte pas la manière dont elle nous tripote. Je me mets à hurler, en faisant semblant de mal parler. Je pourrais parfaitement faire une phrase correcte, mais non, je lui hurle n'importe quoi à la figure. Elle m'a mise en colère, avec ses sales pattes qui fouillent sans ménagement. Surprise, la femme agent essaye de me calmer.

Puis un homme vient prendre nos dépositions. Il s'assied et commence :

« Ce n'est pas bien ce que tu as fait là. Si tu continues à voler, tu iras en prison. »

Je fais oui, oui de la tête, comme une gamine.

« Allez hop ! filez ! »

Sur le moment, je n'y crois pas. Je me dis : « Attention, c'est un piège, ils le font exprès. » Mais non, l'homme répète avec un geste :

« Dégagez ! »

On reprend nos sacs, on s'en va, sans courir, le dos raide, encore inquiètes, mais c'est vrai, ils nous laissent partir !

Dans la rue, nous faisons des sauts de joie. On rit, d'un rire nerveux, un fou rire de trouille, on pleure en même temps. On se raconte inlassablement l'astuce, on en rajoute, la peur, la fouille, le mime, moi qui hurle, et la liberté !

Je rentre chez moi. J'ai compris. C'est fini.

Je n'ai plus jamais volé. Si cette femme ne m'avait pas piégée, j'aurais peut-être continué, par bravade, mais le fait d'être prise, la peur, la honte si mes parents l'avaient appris, m'ont fait prendre conscience de ce que je faisais. Je me suis sentie coupable et responsable. Un peu coupable. Un peu responsable.

Je n'étais pas une petite sainte. J'étais difficile. J'étais dure, combative, révoltée. Il me fallait faire des expériences, pour les prendre en pleine figure et décider ou non de les continuer.

Pour le vol, c'était fini. Une fois, pas deux.

Mouette voleuse.

16

COMMUNICATION VELOURS

Les mères ont des yeux de chat et des oreilles de je-ne-sais-quoi. J'ai beau rentrer à l'aube sur la pointe des pieds, la mienne est déjà réveillée :

« Ça va ? Tu es bien rentrée ? Pas de problème ?

— Ça va, ça va maman, dors... tout va bien, dors. »

Tout va bien, facile à dire. En rentrant seule à quatre heures du matin, on court forcément des risques.

En sortant d'une boîte, je prends un taxi pour rentrer. Le chauffeur démarre, puis à l'arrêt d'un feu rouge, il se tourne vers moi et brusquement me demande :

« On va à l'hôtel ? »

Il me prend pour qui ? Je dois avoir l'air étonné, tout de même, car il insiste en se tordant le cou pour me voir :

« T'inquiète pas, je te paierai ! »

Situation difficile. Pas vraiment la peur, mais tout de même. J'essaye de tergiverser, de l'embobiner comme je peux :

« ... En plus je suis sourde, tu peux pas me faire ça ! Tu n'as pas pitié de moi ? »

Le feu passe au vert, l'homme ne démarre pas

et insiste à nouveau. Je ne comprends pas toute sa phrase, mais l'idée est claire. Je me fâche un peu :

« Allez... le compteur tourne, on se dépêche, là, c'est moi qui paye. »

Un moment de silence, puis brutalement :

« Tu viens à l'hôtel ou tu sors ! »

Je sors. Je claque la porte et je m'en vais à la recherche d'un autre taxi et en réfléchissant au comportement de ce type. Agressif. Violent. Ça m'étonne toujours. Ça me met en colère. Il aurait pu me poser la question, me laisser le choix au moins ! Tu veux ou tu veux pas. Je veux pas, on n'en parle plus. Mais non. Encore heureuse de ne pas tomber sur un violeur.

J'ai rencontré d'autres situations de ce genre, de la plus anodine à la plus stressante.

Il y a l'agression sexuelle du simple dragueur dans la rue, qui croit que je ne vais pas crier parce que je suis sourde. Ça m'est arrivé, un homme me suivait, je n'arrivais pas à m'en débarrasser, il devenait inquiétant. J'ai hurlé. Je me suis servie de mes mains, de ma voix, j'ai hurlé dans les deux langues. Souvent les gens croient que sourd veut aussi dire muet. Je ne suis pas muette. Mouette oui. Je hurle bien, on m'entend. L'homme s'est sauvé en courant.

Il y a plus impressionnant. Et cette fois-là, je n'ai pas crié. Je n'ai pas pu. J'ai pensé qu'il ne fallait pas, pour ma sécurité. Mais c'était pénible. Choquant.

Comme d'habitude, je suis en retard, je cours dans le métro, je prends un ascenseur au vol, juste avant que la porte se referme. J'ai la tête ailleurs, je cherche une excuse pour expliquer mon retard aux parents. A cette époque, nous avons des scènes terribles. Ils s'efforcent par tous les moyens de me faire peur. Pour faire cesser ce comportement de marginale. Entre treize et dix-sept ans, ils ne cessent de me mettre en garde contre toutes les « conneries », que j'ai déjà faites, que je fais, et que je n'ai pas fini de faire... Je refuse tout conseil. Je fais même souvent exactement le contraire de ce qu'ils recommandent. Ils n'en peuvent plus. Ils sont désemparés, se disputent souvent et parlent même de divorce.

Mon comportement ne change pas pour autant, au contraire. J'en rajoute. Ce soir, j'ai vraiment traîné tard. J'étais dans un bistrot à discuter avec des copains sourds plus âgés que moi. L'heure a passé ; eux, ils ont le droit de rester plus tard, mais moi, je dois rentrer. Bref, je me retrouve dans l'ascenseur du métro, seule avec un jeune type.

Les portes se referment lourdement, lentement. C'est souvent sinistre, un ascenseur de métro. Métallique et inquiétant. Le garçon s'approche de moi et me parle. Je mets l'index sur ma bouche, et le doigt dans l'oreille, ce qui veut dire : « Parle pas, entends pas », et je n'ouvre pas la bouche. Je ne veux pas parler, je mime. C'est ma méthode habituelle pour mettre un mur entre moi et l'autre, pour être tranquille. J'ai bien vu que ce type avait l'air louche.

Il continue à me parler, je fais signe de la tête que je ne comprends pas. Alors, devant moi, il fait descendre son pantalon et se masturbe.

C'est insupportable d'être là, coincée, devant ce spectacle lamentable. Chaque fois que je détourne les yeux, il se déplace pour m'obliger à regarder. J'en suis malade. Si je ferme les yeux, il va peut-être m'agresser. J'ai peur, de toute façon, de fermer les yeux. Mes yeux sont mes oreilles, ma seule ressource, sans eux je ne peux pas affronter le danger.

La panique m'envahit, je me demande quoi faire, et si je vais hurler ou non. Cet ascenseur est d'une lenteur infernale. Si je hurle, il risque de devenir dangereux, ce type. Alors je me concentre, je serre les dents, je ne ferme pas les yeux, comme si j'étais calme, sourde et incapable de crier. Comme il doit le penser. Ça le sécurise de savoir qu'il peut agresser quelqu'un sans défense, qui ne va pas hurler au satyre. Mais dans ma tête ça se bouscule, je suis au bord de la crise de nerfs, prête à exploser, électrique. Je m'accroche à la mince idée qui me reste : ne crie pas, tais-toi, il va bloquer l'ascenseur et te violer. Tais-toi. Tais-toi.

Il a fini ce qu'il voulait faire, au moment où l'ascenseur arrivait en surface. C'était écœurant, dégoûtant. A en avoir la nausée. Il a dit : « Merci beaucoup. » Et il est sorti de l'ascenseur tranquillement.

J'étais choquée, et aussi stupéfaite. Cette situation échappait totalement à ma compréhension. Que voulait ce type ? Juste ça ? Parce qu'il a vu que j'étais sourde ? Ou parce qu'il est malade, tout simplement ? A seize ans, ce genre d'agression sexuelle était un mystère pour moi.

En rentrant, j'ai raconté l'histoire à ma mère.

« Tu as eu de la chance, c'était peut-être un homme dangereux. »

Je n'aurais pas supporté qu'il me touche, ce type. J'ai peur de ça. Je me serais battue s'il avait fallu. A seize ans, je faisais de la boxe française, non pas pour me défendre, mais parce que c'est joli, artistique, et que j'aime ça. Je savais très exactement où un coup de genou peut faire très mal à un homme. S'il m'arrivait quelque chose du même ordre maintenant, j'aurais encore le réflexe de lui planter les doigts dans les yeux, ou de lui donner un coup de genou là où il faut. Je ne suis agressive et violente que si on me touche. Ça ne m'est jamais arrivé, heureusement.

Maman m'a acheté une bombe lacrymogène, pour me protéger en cas d'agression. Ça ne m'a pas empêchée de rentrer tard la nuit, et de continuer les sorties en boîtes.

Quelques semaines plus tard, alors que je prenais un ascenseur, un homme s'est approché de moi ; j'ai immédiatement réagi :

« Ne me touche pas, ne me touche pas ! »

Et je suis ressortie aussi vite. Il voulait peut-être me demander l'heure, mais j'étais tellement traumatisée par la rencontre précédente, que j'ai choisi la fuite.

Je n'avais pas peur de grand-chose, à cet âge. Sur le moment, une situation brutale telle que celle-là est un stress. D'autres jeunes filles, entendantes, ont connu des agressions semblables. Il faut se maîtriser, contrôler sa réaction, sentir s'il faut crier ou non. Au fond, je ne pense pas que ce genre d'agression concerne particulièrement quelqu'un de sourd comme moi. Je prenais des risques identiques à ceux que peut prendre une jeune fille entendante aussi révoltée, déterminée et volontaire que moi. En tout cas, je ne voulais pas être considérée comme quelqu'un qu'il faut protéger à tout prix.

A cet âge, en pleine crise d'identité, on méprise totalement le danger, jusqu'au moment où on a le nez dessus. Je suis quelqu'un de trop absolu pour ne pas vouloir me dépasser toujours plus, et ne pas assumer moi-même les conséquences de mes expériences. Je suis un être humain normal, libre, avec une identité. Maman dit :

« Emmanuelle refuse d'être considérée comme une handicapée. »

Exact. Pour moi, la langue des signes correspond à la voix, mes yeux sont mes oreilles. Sincèrement, il ne me manque rien. C'est la société qui me rend handicapée, qui me rend dépendante des entendants : besoin de se faire traduire une conversation, besoin de demander de l'aide pour téléphoner, impossibilité de contacter un médecin directement, besoin de sous-titres pour la télévision, il y en a si peu. Avec un peu plus de Minitel, un peu plus de sous-titres, moi, nous, les sourds, nous pourrions plus facilement avoir accès à la culture. Il n'y aurait plus de handicap, plus de blocage, plus de frontière entre nous.

D'ailleurs, ma révolte a changé. A treize ans, c'était le refus d'être dépendante des parents, de leur rendre des comptes. Quand on est sourd, on dépend forcément plus que les autres des entendants. Je ne voulais plus de ça. Et je ne voulais plus surtout de l'enseignement oraliste. La pédagogie imposée devenait une souffrance. On me mangeait ma vie. A seize ans, c'est devenu autre chose. J'avais évolué et j'étais perturbée. Mes rapports avec mon père étaient devenus presque inexistants, en dehors de ses mises en garde :

« Tu sors trop, tu ne fais plus rien, tu fréquentes des gens dangereux, tu bousilles ton avenir. Arrête. »

Le dialogue s'arrêtait là entre nous.

Avec ma mère, c'était l'inquiétude silencieuse et permanente que je sentais chez elle. Elle essayait d'accompagner mes bêtises, en me brimant le moins possible, mais je voyais bien son souci. Pendant ce temps, Marie était brillante à l'école, toujours première ; douée, elle me dépassait presque, par moments. Nous étions toujours complices, sœurs amies, jamais ennemies, à part les tiraillements classiques, qui n'allaient jamais loin. Et heureusement, le dialogue avec elle ne s'est jamais interrompu.

Ce qui m'inquiétait le plus était d'entendre mes parents parler de plus en plus souvent de divorce. Le jour où j'ai pris conscience qu'ils allaient réellement se séparer, j'ai apparemment accepté cet état de fait. Comme dans les moments de l'existence où l'urgence de la vie prime sur le reste. J'ai « normalisé » au maximum cette déchirure. Mais je souffrais, et j'imaginais le pire, je redoutais que l'on m'oblige à choisir entre l'un et l'autre. Entre deux amours. Cela n'a pas été le cas. Lorsque mes parents ont divorcé, j'allais chez l'un ou chez l'autre.

Le mercredi, ou les week-ends. Le samedi soir, je disais à ma mère : « Je te préviens, je vais en boîte, je rentre tard. » Un autre samedi soir, je disais la même chose à mon père. La différence est que lui dormait comme un sonneur et ne m'entendait pas rentrer. Il dort bien.

Je me sentais impuissante, de toute façon, à recoudre les fils de mon enfance. Très vite, j'ai imaginé que j'étais la raison de ce divorce, à cause de mon indiscipline, de mon comportement trop libre. Peut-être même parce que j'étais née sourde.

En fait, je ne savais rien des raisons pour lesquelles ils ont divorcé. Elles leur appartiennent. Ma mère m'a rassurée très vite sur cette culpabilité ; je pouvais garder mes deux amours intacts, personne n'était coupable, pas même moi. C'était important, car l'affection a toujours été pour moi au cœur de mes enthousiasmes et de mes révoltes.

Je crois que j'aurais pu tout accepter dans ma vie, comme j'ai finalement accepté ce divorce, si ceux qui voulaient m'imposer quelque chose l'avaient fait avec cœur.

Les pédagogues dans l'enseignement oraliste n'ont pas su.

Mon premier amour n'a pas su.

Le divorce de mes parents est une blessure qui n'a pas encore cicatrisé. J'ai accepté la blessure. La guérison est lente. Je ne dois pas être seule dans ce cas, les enfants de parents divorcés courent ainsi de week-end en week-end.

Pendant ce temps, je m'accroche à mon amour, à cette passion tumultueuse et exclusive. J'ai donné toute ma confiance à l'autre. C'est important, ma confiance. Puis je me suis rendu compte que je m'étais trompée. Mais à seize ans, et puisque j'ai décidé d'entreprendre le difficile récit de ma mémoire chronologique, je n'en suis pas encore là. Toujours prise dans les filets de l'amour-dérive. Avec un retard scolaire qui risque de me faire rater mon avenir. Avenir dont, pour l'heure, je me fiche encore avec détermination.

Vendredi, réunion McDo. Ma bande se rassemble au premier étage de l'établissement. On vient là parler pendant des heures, comme dans un salon, c'est plus confortable que dans le métro. De toute façon, nous ne savons pas où aller. Cela peut durer de six heures à neuf heures du soir. On achète un hamburger, un Coca ou un café, et on ne bouge plus. On « bloque », comme disent les adolescents.

Le patron n'aime pas beaucoup. Je ne pense pas qu'il s'agisse pour lui d'un problème de place. Autour de nous, les tables sont libres ; il n'y a pas foule en permanence entre six et neuf. Je crois que ce patron n'aime pas que notre bande de sourds ait choisi son McDo, pour être ensemble.

Un serveur arrive et nous demande de partir. On ne veut pas. Il s'en va, il revient, et ainsi de suite. Un soir, le patron s'en mêle. Franchement en colère.

« Allez-vous-en ! Fichez le camp ! Cassez-vous ! »

Un copain sourd, en face de moi, signe en lui expliquant qu'il a le droit de rester là, puisqu'il consomme. Le patron ne veut rien savoir.

« Toi, tu ne restes pas ! Casse-toi. Tu as deux secondes pour filer ! »

Il lui parle comme à un chien. Je ne supporte pas. J'interviens en parlant français :

« S'il te plaît, on peut discuter ? On n'est pas des chiens, on est des êtres humains ! »

Est-ce qu'il a compris ? je ne sais pas. Mon « accent » oral est parfois difficile, surtout si je suis en colère, et c'est le cas. En tout cas, il a dû comprendre le ton, mais il refuse la discussion.

« Pas question ! Casse-toi ! »

Je sens bien que la bagarre démarre. Les nerfs me frisent. J'ai bien envie de lui rentrer dedans.

Il ne m'a pas écoutée. Encore un entendant qui refuse d'écouter.

Je voudrais au moins lui expliquer que nous sommes là parce que nous nous sentons frustrés toute la journée dans ce monde qui n'est pas le nôtre. Que l'on a besoin de se retrouver ensemble. Que sa salle est vide en bas, qu'on ne prend la place de personne. Qu'on s'excuse. Que s'il faut reprendre un Coca ou un hamburger, on va se débrouiller pour le faire. Que l'on peut trouver un compromis, discuter. Mais il refuse d'écouter, ce type, donc de nous comprendre. Un copain me signe :

« Laisse tomber, on s'en va. »

On a l'habitude, de toute façon, d'être virés.

Comme d'autres bandes de jeunes. On change d'endroit tout le temps, à la recherche d'un lieu, d'un accueil, mais, en général, on nous vire gentiment ; c'est la première fois qu'on le fait méchamment. Nous sommes des humains, et cet homme nous parle comme à des chiens ; et encore, il aurait sûrement plus de compréhension pour une trentaine de chiens de la SPA.

Je peux comprendre son problème : une bande de jeunes dans son McDo, ça l'encombre, ça dérange ses habitudes, il n'est pas là pour ça. Mais pas sur ce ton ! Pas avec ce mépris. Même s'il ne sait pas comment s'exprimer avec moi, ce n'est pas le vrai problème, on peut toujours essayer.

Je le regarde, vraiment en colère. Mouette colère. Mais il baisse le ton :

« Bon d'accord, mais ne restez pas trop longtemps. »

Finalement nous sommes partis, écœurés. En rentrant à la maison, j'ai dit à ma mère :

« C'est ça, la communication avec des entendants ? Je ne peux pas accepter. »

Elle a essayé de me calmer, mais j'étais furieuse. Ma colère vient masquer ma souffrance. Je me disais : « C'est dégoûtant, on ne peut pas changer le monde en claquant des doigts. »

Cela peut paraître anecdotique, mais ce conflit qui revient assez souvent entre les sourds et les entendants, surtout lorsque nous sommes un peu nombreux, ça me met en colère. Je crois dur comme fer à la possibilité de dialogue entre les deux mondes, les deux cultures. Je vis avec des entendants, je communique avec eux, je vis avec des sourds, je communique encore mieux, c'est normal. Mais l'effort nécessaire à cette communication, c'est toujours à nous de le faire. En tout cas, c'est ce que je ressens personnellement. Je m'obstine, je cherche encore, je voudrais l'union dans cette relation. Je voudrais que tombe la méfiance. Mais je n'y parviens pas.

J'ai trouvé cette confiance avec ma mère, avec ma sœur, avec d'autres entendants aussi, je ne veux pas généraliser. Mais, sans être défaitiste, l'idéal que je recherche n'est peut-être pas possible. Question de personnalité, d'éducation, d'information.

Je n'ai plus ces grandes colères de mes seize ans. Au contraire. Il m'arrive de discuter de ce sujet avec des sourds ; c'est souvent entre nous le sujet de discussion favori. Certains sont carrément extrémistes, le genre, « nous voulons une terre promise, une terre de sourds, on ne pourra jamais vivre avec les entendants » ! Ces gens-là se ferment au monde. Je comprends leur réaction, mais je leur conseille toujours de mettre un frein aux revendications de ce genre, de réfléchir, de s'ouvrir aux autres. Je refuse l'extrémisme dans les deux sens. Mais j'ai peut-être eu plus de chance que d'autres dans mes rapports sociaux.

Souvent, je m'évade dans mon monde. Je ne peux pas toujours interpeller les gens, donc je m'exclus moi-même, et je rêve. Les gens m'oublient un peu, parfois, ce n'est pas leur faute. Si je réfléchis à une situation qui me révolte, aux gens qui ne font pas d'efforts, je me pose les questions : « Est-ce que je pourrais m'intégrer aux autres comme ça, tous les jours ? Est-ce que je pourrais vivre sans les sourds ? » J'ai besoin des sourds. J'ai besoin aussi des entendants, et, de toute façon, je ne peux pas les rayer de la carte.

Je passe d'un monde à l'autre.

Un mois entier seule avec des entendants, c'est dur. L'effort est constant. On se demande jusqu'où on va pouvoir tenir. La différence est là, inévitable. On a vraiment besoin de voir des sourds. J'ai fait l'expérience une fois, en Espagne, avec mes parents. A la fin du mois, c'était l'angoisse, le sentiment d'étouffer. J'avais atteint la dernière limite. Plusieurs mois sans les sourds, seule dans un milieu d'entendants, c'est inimaginable. Je me demande comment je supporterais. Est-ce que je crierais à nouveau comme une mouette ? Est-ce que je m'énerverais ? Est-ce que je les supplierais de me regarder, de ne pas m'oublier ?

Retrouver le monde des sourds, c'est un soulagement. Ne plus faire d'efforts. Ne plus se fatiguer à s'exprimer oralement. Retrouver ses mains, son aisance, les signes qui volent, qui disent sans effort, sans contrainte. Le corps qui bouge, les yeux qui parlent. Les frustrations qui disparaissent d'un seul coup.

Communication velours.

17

AMOUR POISON

On m'avait prévenue. Mon père me l'avait dit :
« Quitte-le. C'est un voyou, il te fera du mal. »
Mes copains me l'avaient dit :
« Il est volage. »
Ma mère me l'avait dit :
« Il est violent. »
Je m'étais dit :
« Ils ne le comprennent pas. C'est un marginal
parce qu'il a eu des problèmes d'enfance, il est peut-
être coureur de filles, mais il m'aime. Il est violent,
mais je le calmerai. »

Je m'en étais dit des choses à propos de LUI. Je
les avais rangées dans ma tête, en les emballant de
toute la confiance que j'avais en LUI. Totale. Une
foi aveugle. Et quand je donne ma confiance à ce
point, il ne faut pas le prendre à la légère.

Et surtout, j'étais amoureuse, attirée comme par
un aimant. Je ne pensais plus, mon imagination, ma
réflexion, tout était gommé par cette attirance. Il
cherchait l'amour avec autant de soif que moi. Nous
le buvions ensemble.

Boum à la maison. On adore les boums. Musique

à fond, oreille collée aux baffles, on exhibe les pochettes de disques pour annoncer un rock ou un slow. Danser défoule, sentir le rythme dans les pieds, dans le corps, se laisser aller aux pulsions physiques que cela provoque. Danser avec LUI.

« On m'a dit que tu sortais avec quelqu'un...

— Mais non, tu es l'unique, tu es la seule. Tu es mon seul amour. »

Tout de même, il a l'air un peu sur la défensive, en signant, le corps en retrait, le geste un peu hésitant. La réponse est longue, elle a mis du temps à venir, comme s'il s'était dit avant : « Qu'est-ce que je vais lui raconter ? »

Un amant sourd qui ment, ça se voit aussi bien que chez un entendant, j'imagine. Ce que l'on doit deviner dans l'intonation de la voix, dans l'hésitation du texte, on le devine dans les gestes, la position du corps, le regard.

Moi, je ne suis pas douée pour le mensonge. J'ai déjà essayé avec mes parents, ça ne marche pas. Trop franche, la mouette.

Trop naïve aussi. Je le crois depuis trop longtemps, il va falloir que je voie le mensonge de mes yeux pour me convaincre.

Il y a une heure que je ne sais pas où il est. J'ai fait le tour de la maison ; le seul endroit que je n'ai pas visité, c'est la salle de bains. Il y est, et je crois qu'il n'est pas seul.

J'espionne par une lucarne de ma chambre. De là je peux tout voir, comme une mouette au sommet d'un mât de voilier.

Cette fois, c'est clair. Je tambourine à la porte, violemment. Il l'ouvre, avec un grand sourire, en essayant de cacher l'autre. De cacher la réalité. En essayant encore de me faire croire que c'est moi qu'il aime. Je ne supporte pas ça. Je regarde toujours la réalité en face. Je ne me cache derrière personne.

Je sens la haine monter, la douleur me percer le cœur, ma gorge se serrer. Il y a des moments où l'on voudrait pouvoir hurler les signes qui disent tout cela.

La tête et le cœur en désordre, je fuis, je sors en courant de la maison, laissant la bande de copains s'amuser, ignorants de ce qui se passe. Je cours, je cours, le plus loin possible de chez moi, je ne sais plus où je suis.

Sous le porche d'un immeuble inconnu. Pour pleurer. Longtemps. Jusqu'à l'aube. Seule.

Puis le calme revient après la tempête de larmes qui m'a secouée. Je rentre. Calmement, je longe les trottoirs. La mer est calme, la mouette rentre au port, silencieusement.

Il m'y attend, affolé de ma disparition, lamentable, coupable. Il veut s'excuser, tout effacer, m'embrasser.

Mais c'est fini. Je ne l'aime plus. Est-ce que je l'ai vraiment aimé LUI, ou l'image que je m'étais faite de lui ? C'est quoi la fidélité ? C'est quoi la confiance ?

J'ai à peine dix-sept ans. Il y a longtemps que je l'aime, LUI. J'ai commencé tôt. Je veux assumer la défaite, le poignard dans le cœur, mais je ne veux pas en rester là. Puisqu'il veut jouer les victimes, tenter de se faire pardonner une soi-disant folie de passage, je vais attendre patiemment de lui faire goûter, à LUI aussi, le poison de la trahison. Je ne vais pas le quitter tout de suite. Je veux qu'il prenne le même poignard dans le cœur.

La haine doit faire partie de l'amour. En voulant cette revanche, c'est la fin de l'histoire que je veux. Mon histoire à moi, pas seulement la sienne. Avec ma tromperie à moi, mon mensonge à moi, ma trahison à moi. Je veux lui offrir ça. Cadeau d'adieu.

L'occasion se présente peu de temps après. Et c'est seulement « après » que je l'invite à m'écouter lui dire en face : « Voilà. C'est fini, je ne t'aime plus. »

Ce petit jeu de torture perverse et de mensonge me gênait sûrement plus que lui. Je ne sais même pas s'il a compris, s'il s'est aperçu de quelque chose. Il refuse de croire que je ne l'aime plus. Il me fait répéter. Il veut que je le regarde dans les yeux.

Je suis froide, déterminée à ne pas laisser s'éterniser ce moment difficile. Il sort de sa poche une lame de rasoir, pour me soumettre au chantage habituel.

« Tu restes avec moi, ou je me saigne. »

Il veut SA mort sur MA conscience. Je ne réfléchis pas. Je dis :

« C'est fini. »

Et il le fait ! Sans sourciller, il s'ouvre la veine devant moi.

Horrifiée, je prends mes jambes à mon cou. Tant de violence, tant de sang, il va mourir ! C'est ma faute. Il va mourir !

Réfugiée chez des amis, je sanglote sur lui, sur moi. Je me voyais déjà accusée, devant la police, en justice, condamnée à je ne sais pas quoi, en tout cas au remords éternel. Je ne pourrai plus vivre avec ce poids sur la conscience. Car je l'ai cru mort, puisque j'avais vu de mes yeux le sang jaillir de sa veine. Puisque je m'étais enfuie en le laissant là. Je crois toujours à ce que je vois.

Pauvre mouette naïve. Il en était quitte pour un bon pansement à l'hôpital. Ou alors il ne savait pas qu'il ne pouvait pas se suicider aussi facilement de cette façon. Et moi non plus.

Maman m'a consolée, rassurée, déculpabilisée. Même si le pire était arrivé, ce n'était pas moi la coupable. Le mensonge, c'était lui. Le chantage, la violence sur lui-même, c'était lui. Pas moi. On ne peut pas être coupable et victime. Chacun est responsable de lui-même.

Aussi étrange que cela paraisse, le véritable amour que j'éprouvais pour ce garçon a disparu définitivement le jour où mes parents se sont séparés. Mon père parti de la maison, la relation avec ce garçon que j'aimais s'est éteinte.

L'image de mon père, l'homme symbole de mon enfance, s'est envolée loin de moi, après le divorce.

Communication provisoirement coupée. Amour endormi.

L'image de l'amoureux de mes treize ans s'envole en même temps.

Communication coupée. Amour mort.

Et pendant quelque temps, longtemps pour moi, je me retrouve en face des garçons en état de méfiance, de dureté, d'aigreur.

Fidélité, j'ai compris que ça n'existe pas. Confiance n'est plus le même mot.

Je vais errer quelque temps encore à la recherche d'autres confiances, d'autres poisons. Me saouler de musique et d'alcool, de fêtes inutiles, de tabac.

Jusqu'à épuisement.

Engluée la mouette. Polluée.

18

MOUETTE RIEN DANS LA TÊTE

Cette nuit, à l'aube, je suis rentrée chez mon père ; c'est son tour de week-end.

Hier, j'avais encore l'impression d'être heureuse. Je dansais, je riais, je plaisantais. J'essayais de repousser le plus possible le moment de rentrer. Plus de garçons dans ma vie, plus d'amour pour faire la fête. Je sors avec des copines, pour éviter les pièges du mensonge.

Hier mon père m'a dit comme d'habitude : « Fais attention, méfie-toi. Ne rentre pas trop tard. Il faut que tu dormes. » Etc. Et moi en silence : « Cause toujours... »

Il s'est passé quelque chose cette nuit. J'ai du mal à m'en souvenir. Avec l'alcool, tout tanguait autour de moi, je ne savais plus où j'étais. Je suis allée trop loin cette fois.

Le réveil est moche. D'ailleurs, je me trouve moche depuis quelque temps. Quand je me regarde dans une glace, je vois des yeux cernés, un teint gris, une sale tête. Je me dis : « Mais qu'est-ce que c'est que cette tronche ? Ma pauvre fille, arrête de boire, t'as rien dans la tête, tu fais la fête, tu bois, et regarde-toi ! »

Moche, la tête de mouette. Elle se trouve très conne, la mouette.

Et elle recommence le lendemain.

Je m'engueule avec ma sœur à la maison. Elle a grandi, Marie.

La dernière fois que l'on s'est engueulées, c'était pour une bêtise. Elle ne range rien. Ses affaires traînent partout dans la chambre, et nous partageons le même placard.

« Range tes affaires. Ne jette pas tes fringues partout.

— Fiche-moi la paix.

— Si tu ne le fais pas, je vais être colère, je ne te parlerai plus.

— C'est pas ma faute si l'armoire est dans ta chambre !

— Justement ! Tu es dans MA chambre, range ça !

— Arrête de m'embêter. J'ai du travail. »

Je l'ai tirée de force dans la chambre pour qu'elle range. Elle hurlait. Je ne pouvais pas me contrôler. On s'aime et on se chamaille. Cette fois, ça ne l'a pas fait rire quand j'ai dit :

« T'es tchiante ! »

T'est comme le tautiton, « chiant », t'est tiffiti à prononcer. J'ai du mal avec les *s*, et le *ch*. Pas grave.

Mon désordre à moi est dans ma tête, en ce moment. Je ne suis « bordélique » que sous ma tignasse, pour le reste, je range toujours, comme je rangeais mes poupées étant petite.

C'est vrai que Marie a grandi. Avant, elle se serait précipitée vers ma mère pour « rapporter ». On se serait tiré les cheveux, je me serais fait engueuler. Maintenant elle boude, ne dit rien à maman. Elle se défend toute seule. Comme une grande. Et quand elle boude, elle ne me signe plus rien.

Elle corrige mes fautes de français, elle est pre-

mière en classe, partout. Marie mon bébé sœur
attrape dix ans d'autonomie.

Tout allait mal !

Une nuit, je me suis complètement écroulée dans
le couloir, et j'ai réveillé ma belle-mère et mon
père. Il a dû me ramasser, me porter jusqu'à mon lit.
J'étais malade, malade comme jamais je ne l'ai été.

Il est assis à côté de moi, au bord du lit, dans la
lumière du matin. Son visage me fait peur. J'ai
honte qu'il soit là à contempler mon désastre, qu'il
ait vu dans quel état j'étais. J'ai honte mais je vais
si mal, dans ma tête et dans ma peau. Je dis :

« J'ai bu hier.

— Je sais. Pas besoin de m'expliquer. J'ai
compris ».

Il est inquiet.

« L'alcool, c'est censé nous rendre gais, stimuler
le plaisir de la danse, de la fête. Toute la bande
en boit. »

J'explique à mon père que ça n'a rien de grave.

« C'est dangereux. Très dangereux. Mauvais pour
le cerveau. Ça tue les cellules nerveuses, tu
comprends ? Regarde-moi, Emmanuelle. Pourquoi
fais-tu ça ? Je ne comprends pas. »

Moi non plus. Je croyais que c'était pour faire la
fête, ça me faisait voler, planer, oublier. Mais
oublier quoi ? J'ai même oublié ce que je voulais
oublier. Impossible de lui expliquer le mal de peau,
le mal d'être. Peut-être envie qu'il s'occupe de moi,
on se voit si peu. Peut-être envie de le provoquer.
Besoin de lui. Pourquoi l'alcool, pourquoi les ciga-
rettes à la chaîne, la danse toute la nuit, les rires
jusqu'à l'aube, pour tomber comme une masse,
abrutie, et me réveiller avec cette tête-là ? Sais pas.

« Il faut que tu me dises pourquoi, Emmanuelle. »

Mon père est très philosophe, très théoricien. Très psychiatre. Très père surpris par la mouette qu'il a engendrée. Dépassé par son vol, désorienté. Il voudrait bien des réponses, du genre : « J'ai peur du monde, j'aime pas la vie », peut-être aussi : « Je suis sourde, j'ai des problèmes. »

A notre retour de Washington, il a décidé de travailler avec les sourds. Il n'arrête pas d'expliquer qu'il n'y a pas de « psychologie du sourd », et qu'il y a des sourds, tous différents, comme les entendants. Simplement, il y a une langue particulière. Beaucoup de gens estiment que les sourds sont incapables d'établir des contacts, des relations normales avec les autres. Mon père s'est battu contre ça. Les sourds sont comme les entendants, il y a des malades mentaux sourds, comme il y en a chez les autres, ce n'est pas une particularité qui nous est réservée. Les sourds vont bien, merci. Mais peut-être a-t-il tout de même un peu peur que mon comportement actuel soit lié à la surdité. Que j'aie du mal à m'adapter au monde, que c'est à cause de cela que je fuis dans l'alcool et la connerie. Moi pas. C'est pas ça, papa.

Je ne suis pas la seule. L'adolescence est terrible pour certains jeunes. Sourds ou pas. Il y a ceux qui naviguent à l'aise entre treize et dix-huit ans, sans problème, ceux qui se trompent de sillage, ceux qui foncent dans la tempête, comme moi, ceux qui n'en reviennent jamais, et ceux qui attrapent un jour une bouée, pour sortir la tête de l'eau. Ça dépend de tellement de paramètres. Éducation, caractère, amour, milieu. L'adolescence est une alchimie compliquée. On cherche la pierre philosophale, comme si elle existait.

Mon père me pose toutes les questions qu'il peut. Où sont les problèmes ? Où sont les frustrations ? Est-ce que c'est au lycée ? Est-ce que je suis amoureuse ? Pourquoi je bois, pourquoi je ci, je ça, pourquoi tout ?

Et moi, je n'ai qu'une réponse à cette avalanche de points d'interrogation :

« Je ne me sens pas bien dans ma peau. J'ai besoin de toi. »

Silence de mort. Réflexion. Émotion. Trouble. Gêne.

Visuellement, instinctivement, je sens tout ça chez lui. Mais ce n'est pas une réponse.

« Demain, je t'emmène chez un médecin. Je veux savoir si ta santé est bonne.

— D'accord. »

D'accord pour le médecin. Mais ce n'est toujours pas une réponse.

Il ne peut pas s'occuper de moi. Il ne sait pas. Ou il ne veut pas. C'est ce que je pense cruellement sur le moment. Comme une nouvelle blessure. Qui va mettre du temps à cicatriser.

Mouette, adolescente à problèmes. Tu as besoin de grandir encore, sans ton papa, d'avaler la séparation de tes parents, de la digérer, et de faire ton nid sur un autre rocher.

On se dit ça plus tard.

A dix-sept ans, on a mal au cœur et à la peau, c'est tout.

On se trouve moche, nul.

Rien dans la tête.

Et on va chez le médecin avec papa. A propos, je ne sais pas s'il existe de médecin sourd chez nous, en France. Je peux lire sur les lèvres, me débrouiller par écrit, mais s'il se met à utiliser des mots trop compliqués, à parler des médicaments, là, je ne comprends plus rien.

Papa écoute ce qu'il dit. Il me traduit des évidences. Rien n'est bon dans tout ce désordre. Maintenant, je suis mal d'avoir cherché à être bien dans ma peau. Vraiment mal. Physiquement et moralement. Physiquement, je me sens chiffon, j'ai même des bleus partout à force de tomber quand j'ai bu. Moralement, je me sens complètement nulle.

Je voulais dépasser mes limites, c'est fait. Je ne voulais pas voir la réalité en face, j'ai réussi. Je voulais fuir mes problèmes de surdité, la vie sociale, la vie à l'école. Résultat, de seize à dix-sept ans, j'ai appris quoi ?

C'est comme un déclic, cette dernière nuit de folie. Tout d'un coup je me dis : « J'en ai ras le bol. Marre, marre. Je n'en peux plus, c'est plus possible. Je ne fous rien, je ne sers à rien. Où je vais ? Je passe mon temps avec cette bande à râler, à contester. On nous opprime, on nous fait chier, on va faire la fête, c'est super. » Super ? En fait, c'est toujours la même chose, il ne se passe rien, on va toujours au même endroit, on est toujours ensemble, les mêmes têtes, les mêmes rengaines. Qu'est-ce qu'il y a de constructif là-dedans ? Boire une bouteille de whisky, se noyer dedans, oiseau ivre, déboussolé, ça t'amène quoi ?

Mouette, t'as vraiment rien dans la tête.

Tu as besoin d'être à l'aise, de te sentir bien. Tu as besoin de trouver du plaisir ailleurs que dans la fête. Tu as besoin d'être indépendante, tu vas te trouver des petits boulots, travailler pour gagner un peu d'argent. Les vacances arrivent, c'est la première fois que tu vas partir seule. Remets-toi sur tes pattes !

19

SOLEIL, SOLEILS

Je pense à l'avenir pour la première fois depuis longtemps.

A sept ans, quand j'ai appris la langue des signes, j'avais des tas de questions sur l'avenir. Est-ce que j'aurai un métier ? Comment je vivrai ? Qu'est-ce que je peux apprendre ? On dirait que la même conscience me revient. La même eau fraîche de la curiosité, de l'envie, de la découverte de l'avenir. La parenthèse ado, turbulence et n'importe quoi, c'est fini.

Avenir ? J'en parle avec ma mère. Quel chemin choisir ? Quelle voie ? Est-ce que j'ai envie de travailler avec des sourds ? De ne voir que des sourds ? D'entrer dans une université ? Après, je pourrais éduquer les autres, créer une formation bilingue.

Mais j'ai toujours aimé l'art et la création. Où apprendre ça quand on est sourd ?

Je ne suis peut-être pas obligée d'entrer à l'Université. Je peux apprendre la vie autrement, dans un autre lieu. Par exemple, le théâtre. J'ai toujours eu envie de faire du théâtre. Il est entré dans ma vie un peu par hasard, depuis que je suis toute petite. J'ai commencé, à l'âge de huit ou neuf ans, un stage de théâtre, qui a duré deux semaines. Je jouais les mercredis et les samedis avec trois autres enfants sourds. On nous faisait travailler avec des masques que nous avions faits nous-mêmes. Ralph Robbins, qui dirigeait ce stage, était venu de New York pour la création d'IVT. Il nous a fait travailler l'expression corporelle. C'était important pour nous. Enfants, nous avions surtout l'habitude d'observer les visages ; pour nous débarrasser de ce travers, Ralph nous a fait porter des masques blancs, neutres, dépourvus d'expression. J'ai compris ce qu'il attendait : que nous fassions jouer nos corps pour nous exprimer. C'était dur, mais passionnant. J'étais excitée de pouvoir aussi communiquer avec mon corps.

Ma « carrière » au théâtre a commencé avec lui, par une petite pièce qui s'appelait *Voyage au bout du métro*. C'était l'histoire d'une petite fille qui s'était endormie dans un wagon et oubliait de descendre à la station. Au bout de la ligne, elle se perdait dans les couloirs, et rencontrait un magicien, un homme à quatre bras. C'était un peu mon histoire. Tous les samedis, je faisais un long trajet d'une heure et demie pour aller à Vincennes, autobus, train, puis métro. C'était long et fatigant pour une petite fille de neuf ans, et je m'endormais souvent. C'est à partir de là que, avec Ralph, nous avons écrit la suite.

Quand il est reparti, j'ai eu du chagrin, j'ai été inconsolable pendant un bon moment. J'aimais ce grand bonhomme doux, créatif, enthousiaste. Il nous a appris énormément de choses. J'aimais surtout ce qu'il nous enseignait sur une scène. Ma passion.

Le théâtre était un soleil dans ma vie d'enfant. Je dois mon nom en langue des signes au théâtre, « Le soleil qui part du cœur ». La comédienne sourde

Chantal Liennel avait écrit un poème qui disait : « Merci papa, merci maman, de m'avoir donné le soleil qui part du cœur. »

Alfredo Corrado, lui, ne s'occupait de théâtre à Vincennes que pour les adultes. « Passe ton bac, me disait-il toujours, on verra après de quoi tu es capable. »

J'ai joué un petit rôle pour la télévision, une fois. On a tourné à la foire du Trône. J'avais neuf ans. C'était le paradis. Il y avait des chiens de cirque, tout blancs, j'étais censée peigner les longs cheveux d'une sirène et lui dire qu'elle était belle. Elle en avait du mal à se laisser peigner, ma sirène. Dix prises, et chaque fois, il fallait recommencer ! Elle a craqué à la dixième prise, elle en pleurait dans sa loge. J'avais si peur qu'elle abandonne. Si peur de perdre mon petit rôle dans la magie du cinéma. Quand elle est revenue, je l'ai embrassée. La onzième prise était la bonne. J'étais contente !

J'adore le cinéma. Je crois avoir vu tous les films de Chaplin. Charlot est ma référence. Rire et émotion. Preuve que les mots ne sont pas indispensables, quand on sait parler avec son corps. Preuve que le génie ne se fabrique pas forcément avec des phrases. Charlot prophète. *Le Dictateur* est un formidable témoignage. Cet homme qui joue avec un ballon représentant le monde, le lance, le fait tourner comme une toupie, le rattrape, inverse les pôles, jusqu'à ce que le ballon lui explose au nez ! Chaplin peut toucher tous les publics, tous les mondes. Je rêve d'un nouveau Chaplin, pour me jeter dans l'aventure du cinéma. Pourquoi pas ?

Chez nous, le cinéma est un cinéma d'entendants, à part les sous-titres français des films américains. Est-ce que j'ai envie de m'intégrer au monde des entendants ? De voir autre chose ?

Oui. J'ai envie de voir d'abord le monde, de m'ouvrir un peu mieux à cet univers, d'évacuer ma peur. Je l'ai dit. J'ai un peu peur du monde des entendants. Il est temps de me colleter à lui. Papa et maman disent :

« Passe ton bac d'abord ! Si tu abandonnes, qu'est-ce que tu vas faire ensuite ? Passe ton bac d'abord ! »

Cette fois, je ne dis pas « cause toujours ». Je ne sais pas ce que je vais faire ensuite, mais je passerai « mon bac d'abord ».

Mouette, t'as une idée dans la tête.

Préparer mon bac au cours Morvan va me demander trois ans, année dix-sept ans, année dix-huit ans, année dix-neuf ans.

C'est dit, cette année dix-sept ans, je travaille. Je vais m'arracher la tête, mais j'aurai cet examen. La rentrée sera sérieuse. Quant à l'indépendance que je réclame, c'est à moi de commencer à la préparer. Sinon, d'où viendrait-elle ?

Mais soleil d'été d'abord. J'ai besoin de me refaire une santé. Je trouve des petits boulots, du baby-sitting comme toutes les jeunes filles. Garder des petits enfants, ça me fait du bien. Ça me ramène à mon enfance. Quand ma mère me disait :

« Ne claque pas les portes ! C'est pas parce que tu es sourde que tu dois faire du bruit. »

Les enfants sourds font du bruit. Je pense aux voisins du dessous. Je dis comme ma mère :

« Ne tape pas du pied sur le plancher, ne cogne pas le ballon sur le mur, ne saute pas comme ça... »

Premier boulot : deux sœurs. L'une est sourde, l'autre pas. Comme Marie et moi. Mais, à l'inverse, l'aînée est entendante ; elle a neuf ans, l'autre six ans. Nous discutons en langue des signes.

Leur langage est enfantin, différent de celui de l'adulte, adorable. J'ai envie de les croquer tellement elles sont mignonnes, avec leurs petites mains qui dansent. Les signes sont précis, plus peut-être que les mots chez un enfant entendant.

Je repense à moi à leur âge. Elles ont de la chance de pouvoir exécuter si tôt des signes aussi parfaits, aussi jolis, alors que j'ai commencé tard. Leur esprit s'éveille, elles posent des tas de questions.

« C'est mal d'être sourd ?

— Bien sûr que non.

— Pourquoi les médecins disent qu'il faut nous soigner ? Ça veut dire qu'on va mourir ?

— Pas du tout ! Je vais t'expliquer... »

Je leur raconte aussi des histoires de Tintin, je traduis les bulles, les dialogues, je joue le capitaine Haddock et *Tintin au Tibet*.

Deuxième boulot : des garçons, cette fois. Sept ans et quatre ans. C'est dur, les garçons. Ils n'arrêtent pas de bouger. Le petit est infernal. J'ai vraiment du mal à les calmer. Et eux font vraiment du bruit. Qu'ils crient, qu'ils claquent les portes, ce n'est pas mon problème, mais je pense aux entendants du dessous.

« Stop ! Vous n'êtes pas tout seuls ! »

Décidément je grandis, je parle comme ma mère. Mais eux s'en fichent complètement.

« On s'en fout, on est sourds !

— Oui, mais les autres entendent !

— Je préférerais un immeuble de sourds, comme ça, on serait tranquilles ! »

Il me fait rire. Je ris maintenant de choses vraies, vivantes, constructives. Je ris de petits bonheurs, du sourire des autres, de l'été qui m'offre une trêve. Une idée d'avenir.

Je gagne un peu d'argent avec mes galopins qui claquent les portes et je le mets de côté pour les vacances.

Petit boulot chez grand-père « labo ». Henri Laborit, mon grand-père paternel, est un monsieur impressionnant. Je sais deux ou trois choses de lui. Il travaille tellement que nous ne nous sommes croisés que rarement. Il s'est passionné un jour pour une molécule au nom imprononçable pour moi (la chlorpromazine !). Grâce à lui, la petite molécule est devenue grande ; elle a servi au principe du premier tranquillisant du monde, et elle a fait des petits, depuis.

Mon grand-père est un chercheur-explorateur du monde du vivant. Depuis des années, il est passé de molécule en molécule, travaillant sur des drogues nouvelles, pour l'anesthésie, la cardiologie, la psychiatrie, etc. Il a étudié le comportement humain, il a écrit des « tonnes » de livres. On m'a dit que, tout petit, il enfermait des sauterelles dans une boîte à chaussures, pour les observer. Je crois qu'il avait cinq ans ! Un surdoué.

Il a commencé sa carrière comme chirurgien de la marine (on aime la mer chez les Laborit), pour prendre un virage décisif ensuite vers la recherche biologique. Il a fait tant de choses importantes ! Il a même touché au cinéma ! Alain Resnais a réalisé un film, *Mon oncle d'Amérique*, d'après son livre le plus célèbre, *La Nouvelle Grille*. Grand-père savant.

Quand j'étais petite, il m'a emmenée une fois sur son bateau. Grand-père marin, beau souvenir de soleil et de mer.

Il travaille souvent avec des rats. Drôle d'ambiance, chez grand-père labo...

Je fais le ménage : nettoyer les tables de carrelage qui servent aux expériences, balayer les crottes de rat ; laver les éprouvettes, les ranger dans le stérilisateur. Une ou deux heures par jour, tous les jours sauf le dimanche, je m'escrime à mettre de l'ordre dans le petit désordre de la grande recherche de grand-père. L'alchimiste de la découverte.

Je gagne encore un peu de sous pour les vacances. Juillet s'étire à Paris. Le soleil d'août à Ibiza m'attend.

La plage. La mer. Le soleil. J'aime tant le soleil. Le soleil de partout, de tous les pays, du Maroc, d'Espagne, de Grèce et d'Italie. J'irai voir tous les soleils du monde, un jour.

L'eau et le soleil sur le corps toute la journée. L'innocence, la volupté des vagues. La fête de la lumière le jour. La fête le soir, quand la nuit devient douce, venteuse dans les cheveux, parfumée, vibrante sur la peau dorée.

Je m'aime un peu mieux.

Je rencontre des sourds par hasard. Italiens, Espagnols, on papote, j'apprends leur « accent », leurs signes à eux, et eux les miens.

C'est l'indépendance totale, avec ma meilleure copine.

Ibiza merveille. On discute de tout. Je me suis remise à lire. Je lis beaucoup. D'autres plaisirs sont là. Et d'abord celui de la véritable indépendance : avoir un porte-monnaie, un budget, des sous que l'on a gagnés et faire attention à ce que l'on dépense. Pas de compte à rendre, à personne sauf à soi-même. Quels que soient les comptes.

Je vais mieux. Je suis bien. De mieux en mieux. Je me sens responsable, libre, plus d'autorité. Je suis moi avec moi.

Et je ne fais pas de bêtises.

Maman a téléphoné. Elle s'est débrouillée pour me joindre sous mon soleil, pour m'annoncer un autre soleil : Ariane Mnouchkine tourne un film. Elle a besoin de figurants.

Je dois prendre le bateau et le train très vite, pour être sur le lieu de tournage : l'Assemblée nationale.

J'ai tellement peur de n'avoir plus assez d'argent pour rentrer que je lui demande de m'en expédier. En fait, je m'aperçois en arrivant que je n'en n'avais pas besoin, j'ai bien contrôlé mon premier budget d'indépendance !

Ariane a choisi les figurants de son film parmi les acteurs du théâtre du Soleil ; c'est la planète Terre en réduction. Il y a des Chinois, des Indiens, des Noirs et des Juifs, des Arabes, des handicapés, des aveugles, des nains, des sourds. Un kaléidoscope, un bouquet de fleurs différentes, pour assister dans le film à la déclaration des droits de l'homme. C'est ma scène. Je suis une fleur parmi les autres, brassée par la vie dans un rayon de caméra soleil.

Mon rôle a duré trente secondes. J'écoutais le récit des droits de l'homme, un interprète traduisait, et les sourds autour de moi disaient : « Formidable, nous sommes tous égaux, nous avons enfin des droits. » J'étais l'un d'eux.

Ariane Mnouchkine est impressionnante d'autorité et de précision. Efficace, volontaire et sensible, elle a l'œil sur tout, surveille tout. Nous l'appelons en langage des signes : « la femme aux bras sur les jambes ».

Parmi les comédiens qu'elle dirige, j'ai fait la connaissance d'un Arménien, Simon. Il n'utilise ni la parole, ni la langue des signes, et pourtant il n'a aucune difficulté à communiquer avec les sourds. Cet homme possède un don extraordinaire pour parler avec les mains. Une capacité formidable à extérioriser.

Lui et tous ces gens me donnent le goût d'aller plus loin. D'avancer sur le chemin du théâtre.

Ensuite, j'ai participé à la fête du Regard, qui réunit sourds et entendants pour des créations courtes de cinq minutes environ. L'un des thèmes pour l'une de ces fêtes était Noir et Blanc. J'ai demandé à mon oncle d'écrire quelque chose sur le jour et la nuit. Nous étions deux, mon amie d'enfance, Claire, et moi. J'étais la nuit, elle le jour. Nous avions traduit le dialogue en langue des signes, en improvisant un peu.

CLAIRE DE JOUR : Bonjour madame !
EMMANUELLE DE NUIT : Pourquoi bonjour ? Vous savez que je suis la nuit ! Monsieur le jour, vous vous moquez de moi !

Une autre fois, toujours avec Claire, nous étions les deux mains. Claire une main, moi l'autre. Ces deux mains se disputaient. Nous jouions la bagarre, la séparation, les retrouvailles. Les mains qui travaillent, celles qui ne font rien. Les mains dominantes et les dominées.

Le thème suivant était libre. Nous étions plusieurs adolescents habillés de blanc, dans la lumière aux ultraviolets. L'histoire était très visuelle : un enfant s'endort à l'école, et rêve. Il y avait des effets spéciaux : on voyait sa tête se séparer de son corps, ses bras, ses jambes s'en aller. Le rêve devenait cauchemar, un peu agité, la tête avait l'air de se promener seule, le corps sans tête d'un autre côté. C'était très beau. Le public a applaudi. Ça, je le ressens bien. Je le vois, je ressens les vibrations, l'intensité, il y a un rythme particulier à chaque public.

J'aime le théâtre, j'aime la scène, j'aime les applaudissements. Mais... Passe ton bac d'abord.

20

SIDA SOLEIL

Ils en meurent, comme d'autres, par manque d'information.

Avant, dans ma « Jeunesse » folle, je n'y pensais pas du tout. J'aurais pu tomber sur quelqu'un de séropositif et être contaminée sans le savoir. Heureusement, dans ma bande de copains de fête, on fumait des « pétards » quelquefois ; pas de seringues, pas d'héroïne. Il n'empêche que nous n'étions informés de rien, on s'en fichait d'ailleurs complètement. A dix-sept ans, j'en prends conscience.

Les campagnes d'information sur le sida sont faites par des entendants, pour des entendants. Pas de sous-titres dans les clips de télévision. Pas de sous-titres dans les émissions médicales. Qu'il n'y ait pas de sous-titres dans les shows télé, je m'en moque ; que la télévision s'occupe plus de l'audimat que de l'information dont elle doit être la première responsable, par contre, ça me choque. Le sida tue les sourds, par absence d'information. J'appelle cela de la non-assistance à personne en danger de mort.

Tout concourt à cette désinformation tragique. Cela va du médecin, qui ne signe pas, aux parents qui n'éduquent pas, aux journaux que lisent rarement les sourds, aux hôpitaux dans lesquels on ne s'occupe que d'informer les entendants.

Jusqu'au sigle choisi pour mettre le virus HIV en image. Cela peut fait sourire un entendant, si on lui dit que sida égale soleil ? Et pourtant... Certains sourds, ce n'est pas la majorité, heureusement, croient que le soleil est responsable de la transmission du virus. Tout simplement parce que le virus HIV est souvent représenté par un petit rond orange orné de piquants, qui pourrait être le symbole du soleil. Ce sont ces piquants orange, que des designers de l'information entendante ont trouvé spectaculaires, qui créent la confusion.

Sida égale soleil, égale danger ! Si bien que la seule précaution que prennent les sourds convaincus de cela est de ne pas s'exposer au soleil ! Ils s'écartent peureusement du symbole de vie sur la Terre pour ne pas attraper la mort.

Autre exemple que je connais : un sourd, à qui un médecin a annoncé que son test était séropositif. Pour le rassurer, ce médecin lui a expliqué que séropositivité ne veut pas dire sida, et que son état ne nécessitait aucune précaution particulière ; sous-entendu : pas de maladie, donc pas de médicaments... Vie normale. Le sourd séropositif sort du cabinet médical, avec, dans l'esprit, une notion complètement déformée. Il a probablement propagé le virus sans savoir ce qu'il faisait. C'est l'erreur impardonnable.

Un ami, Bruno Moncelle, m'a proposé de participer à un groupe de volontaires, créé en 1989, au sein de l'association AIDES. Avec d'autres amis sourds, j'ai suivi une formation pour mieux connaître la maladie, et réfléchir avec eux sur le meilleur moyen de répandre l'information dans notre communauté.

Il ne suffit pas d'apporter aux malades un réconfort affectif. Prévenir est urgentissime. Trouver en langue des signes un code suffisamment clair pour que le mode de transmission du virus soit compris par tous. Organiser des réunions dans les centres éducatifs pour expliquer le mode de transmission.

Avec Bruno Moncelle, j'ai entendu, dans certaines réunions d'information auxquelles je participais, des réponses effarantes. Il demandait :

« Quelqu'un peut-il me dire comment on attrape le sida ? »

Réponses :

« Quand on s'embrasse ? »

« Quand on a des taches sur la figure... »

« Quand on a des boutons. »

« Il ne faut pas s'embrasser. »

« Je ne sais pas. »

« Moi sida, pas de problème. Je l'ai pas. »

Bruno explique qu'il faut faire très attention, car il n'y a pas de repères visuels, aucun moyen de « voir » la maladie sur un visage. Pour les sourds, l'absence totale de repères visuels est une sorte de cécité. Un mur à la compréhension. Quelqu'un qui maigrit est peut-être quelqu'un qui ne mange pas, tout simplement ; quelqu'un qui a des taches sur le visage est quelqu'un qui s'est mis au soleil, tout simplement. Il faut absolument leur faire comprendre le côté sommeil sournois du virus. L'absence de symptômes visibles.

Bruno explique que la maladie éclate plus tard, après l'arrivée du virus dans le corps, parce que le virus dort dans le corps, longtemps, puis se réveille un jour. Il prend l'exemple de l'œuf : pendant longtemps on ne voit rien de ce qu'il y a dans un œuf, pourtant il y a un poussin qui dort dedans. L'œuf est couvé, et un jour le poussin en sort.

Mais le virus n'est pas un joli poussin, c'est un vampire. Qui va manger le corps de l'intérieur.

Une image a frappé les jeunes, celle de ce grand basketteur américain, Magic Johnson, qui a eu le courage d'annoncer publiquement sa séropositivité. Le message est passé, notamment chez les garçons sourds, qui regardent beaucoup le sport à la télévision. Un des garçons demande si ce basketteur qu'il a vu en pleine forme ne peut plus jouer.

Je reprends les propos de Bruno, pour lui expliquer que le virus dort, comme le poussin dans l'œuf. Le basketteur n'est pas malade, mais le jour où le poussin monstre sortira dans son corps, il l'envahira, et ce sera fini pour lui, il ne pourra plus jouer, sera très malade.

Ensuite, Bruno procède à des distributions de préservatifs.

L'information est simple à ce sujet : faire l'amour avec un préservatif, pas de sida ; sans préservatif, sida.

Dans la section sourde de AIDES, nous avons inventé un signe symbole particulier pour décrire le virus. La main droite, pouce et index arrondis, forme une boule, les autres doigts en l'air, écartés, font les piquants. La main gauche se place dessous, ouverte en coupe. De ce travail, une cassette d'information est née ; elle attend toujours d'être distribuée et montrée !

C'est un combat que je trouve extrêmement important pour ma communauté. Depuis l'âge de dix-sept ans, je participe chaque fois qu'on me le demande à l'information sur le sida. Nous avons encore du travail pour aborder les différents modes de transmission du virus. Mais l'effort que nous exigeons des pouvoirs publics est d'aller dans les écoles, de former des groupes, d'organiser des conférences pour les sourds. L'intelligence et le courage, le dévouement de Bruno Moncelle mériteraient d'être non seulement encouragés, mais AIDÉS.

Je me répète : il existe trois millions et demi de sourds, qui non seulement sont appelés à voter comme tout le monde, mais aussi à faire l'amour et des enfants, comme tout le monde ; ils ont le droit d'être informés, comme tout le monde.

SIDA SOLEIL, c'est bien trop beau pour un vampire assassin de la nuit.

21

JE M'ÉNERVE

L'éducation des sourds en France s'arrête au baccalauréat. Au cours Morvan, nous le préparons en trois ans. Quelques sourds vont jusqu'à l'université. Une de mes amies l'a fait. C'est très dur, le travail est multiplié par dix. Elle a un preneur de notes, son voisin entendant, ensuite elle fait des photocopies. Lorsque le preneur de notes n'est pas un copain, il faut se débrouiller autrement. Son copain en a fait son métier ; maintenant, il sert de relais aux étudiants sourds.

Rentrée chez elle, mon amie étudie. Mais ces notes ont été prises par quelqu'un d'autre, et elle n'a absolument pas la possibilité de se raccrocher, comme les autres, à ce qu'elle aurait elle-même « entendu » et choisi de ne pas noter. De plus, après le cours, elle n'a pas pu, comme certains entendants, demander au professeur une précision sur tel ou tel sujet. Si quelque chose lui échappe, à elle de se débrouiller par la suite. Perte de temps.

Autre méthode : enregistrer le cours au magnétophone. Ensuite, son père ou sa mère, qui sont entendants, traduisent la bande par écrit. Tout ça prend un temps fou, avant qu'elle puisse travailler efficacement. Un jour, elle m'a dit :

« C'est l'enfer, c'est complètement dingue, c'est un travail double. Certains de mes copains ont réussi à passer un DEUG, ou une licence, mais c'est exceptionnel. »

Mon amie est sourde profonde, comme moi. Elle a appris la langue des signes il n'y a pas très longtemps, mais pas ses parents ; elle n'a donc pas d'aide de ce côté-là.

Elle a tout de même passé son bac, fait une classe préparatoire de biologie et de maths spéciales, et a redoublé sa première année. Aux dernières nouvelles, elle va entrer en troisième année.

On redouble toujours une classe quand on est sourd. Impossible de faire autrement, en assimilant cinquante pour cent du contenu d'un cours, en lisant uniquement sur les lèvres.

Je m'énerve.

Une camarade du cours Morvan a quitté l'école en seconde pour suivre ses parents en province. Lorsque nous étions en classe, elle me disait souvent :

« Ta mère signe, c'est formidable, extraordinaire. »

Elle aurait tant voulu que ses parents s'y mettent. Quand j'allais passer la soirée chez elle, on dînait avec sa famille. Évidemment, je n'allais pas me taire toute la soirée ; la première fois, je me suis donc exprimée en signes avec elle. Aussitôt, les parents m'ont arrêtée :

« Non, il faut que tu t'exprimes oralement.

— Mais c'est à elle que je parle. Je ne vais pas parler à une sourde ! »

Je trouvais ça tellement artificiel, tellement stupide ! Leur parler à eux, d'accord, puisqu'ils ne connaissent pas ma langue. Mais à ma copine ?

« Excusez-moi, mais ça me paraît ridicule de parler oralement avec elle !

— Parle, sinon nous ne comprenons pas ce que tu dis ! »

Non seulement, ils la privaient de s'exprimer naturellement avec moi, mais en plus, ils voulaient tout comprendre de ce qu'on se disait ! Mais où est la liberté dans cette histoire ?

Ma copine s'est rebellée. Plus tard, elle m'a expliqué que ses relations avec ses parents étaient complètement folles. Des disputes monstrueuses. Il lui arrivait d'exploser et de flanquer des meubles par terre, tellement elle avait besoin de se défouler physiquement. Son père était violent. L'ambiance était perpétuellement agressive, conflictuelle.

J'étais hallucinée par un tel comportement. Je ne pouvais imaginer une relation semblable avec ma mère ou mon père.

Finalement, je ne pouvais plus supporter d'aller chez elle, et c'est elle qui venait à la maison, pour pouvoir discuter librement. Cependant, elle s'obligeait à s'exprimer oralement avec ma mère, bien que celle-ci connaisse la LSF.

On se défoulait le soir pendant des heures, à papoter dans la chambre. Elle me racontait sa vie, moi la mienne. Ça la soulageait.

Ses parents ont eu d'elle une image négative. Ils la considèrent comme une handicapée, une malade. Leur fille ne sera jamais « normale », à moins de cacher sa surdité, et de l'obliger à parler. Ils pensent, comme beaucoup, que si l'enfant utilise les signes, il ne parlera jamais. Or, ça n'a rien à voir. A l'âge de sept ans, je parlais, mais je disais n'importe quoi. Avec les signes, j'ai commencé à parler beaucoup mieux. Le français oral n'était plus une obligation, donc, psychologiquement, c'était déjà plus facile de l'accepter. Ensuite, j'ai eu accès à des informations importantes : les concepts, la réflexion ; l'écriture est devenue plus simple, la lecture aussi. J'ai fait de tels progrès que c'est une injustice totale de priver un enfant de ça. Il ne faut pas croire qu'il est nécessaire que l'enfant parle pour savoir écrire et lire. Moi, quand je lis un roman, j'associe instinctivement le signe qui correspond au mot que je lis. Ensuite, je le lis plus facilement sur les lèvres de quelqu'un qui le prononce. Ma mémoire visuelle associe même parfaitement l'orthographe française. Un mot, c'est une image, un symbole. Quand on m'a appris « hier » et « demain » en langue des signes, que j'en ai compris le sens, j'ai pu le parler oralement plus facilement, l'écrire plus facilement !

Un mot écrit a la tête d'un mot, comme un clown a la tête d'un clown, maman la tête de maman, ma sœur la tête de ma sœur ! Je peux reconnaître la tête d'un mot ! Et le dessiner dans l'espace ! Et l'écrire ! Et le dire. Et être bilingue.

Je m'énerve. Mais pour ma copine, c'est important. Je n'aimerais pas être à sa place. Ses parents ont pour elle un amour égoïste. Ils la veulent à leur ressemblance. Les miens ont accepté merveilleusement ma différence. Ils la partagent avec moi. Elle, elle ne peut rien partager d'important avec sa mère. Comment lui dire ce qu'elle ressent profondément, tous ses problèmes de gamine, de jeune fille, ses histoires d'amour, ses déceptions, ses joies ?

La communication reste superficielle, avec les mots qu'elle utilise. Il est normal, dans ces conditions, qu'elle s'entende mal avec ses parents. Ils ne savent rien d'elle, ou presque, et elle ne sait rien d'eux. Elle est si seule !

Il y a pire encore. L'histoire ahurissante d'une

amie qui a vécu dans un milieu familial dont j'ai peine à croire qu'il existe. Sylvie, jusqu'à l'âge de quinze ans, est restée persuadée qu'elle était la seule sourde au monde. LA SEULE. Ce n'était pas une simple vue de l'esprit, c'était la réalité. Ses parents lui avaient tout simplement affirmé qu'elle était l'unique représentante de la race des « durs de la feuille ». Le monstre exceptionnel. Le cas de cirque, pourquoi pas ? Et elle grandissait dans l'ignorance, dans la solitude d'une différence unique. S'efforçant désespérément de parler comme papa, comme maman, comme les petits camarades de l'école entendante. Elle portait sa « malédiction » toute seule.

Quand j'étais petite, et qu'on m'a dit que j'étais sourde, moi j'imaginais que j'avais le nerf auditif pourri. Je voyais ça comme ça, en image. Tout de suite, mes parents m'ont dit :

« Mais non, il n'est pas pourri ton nerf, il est là, il est comme le nôtre, mais il ne marche pas. »

C'est l'image que j'ai gardée depuis, de la surdité : mon nerf ne marche pas. Merci. C'est la vérité, et en plus, c'est simple.

Mais pour Sylvie ? Même pas d'image. Rien. Puisqu'il n'y a pas la vérité.

Mais comme la vérité finit toujours par se savoir, un de ses camarades de classe a trahi le secret familial. Il a fait comprendre à Sylvie que d'autres sourds existaient bel et bien, que lui-même en avait rencontré personnellement à la station du RER. Sylvie ne le croyait pas. Il n'était pas question pour elle de remettre en cause la sacro-sainte parole de ses géniteurs tout-puissants. Elle avait pour eux une dévotion totale. Forcément, « l'anormale unique au monde » se sentait à la fois coupable d'exister et bienheureuse d'exister grâce à eux. Mais cette histoire la tourmentait. Elle avait besoin de savoir, d'effacer l'incertitude. Elle a fait le pari avec son copain entendant d'aller vérifier elle-même, sûre que ses parents avaient raison.

Un vendredi après l'école, ils s'en vont tous les deux dans le métro. Les veilles de week-end, la station pullule littéralement de jeunes sourds. Toutes les nationalités s'y côtoient, et tout le monde gesticule et discute avec enthousiasme.

Sylvie regardait ce troupeau qui bloquait quasiment toute la station. Que faisaient-ils ? Pourquoi tous ces gestes ? Qu'est-ce que ça voulait dire ? Elle a fini par réaliser qu'ils étaient tous sourds. Tous. Ces hommes, ces femmes, ces jeunes, tous sourds. Le choc a été tel, si violent, qu'elle s'est mise à vomir, secouée jusqu'au fond des tripes, le cerveau à l'envers. Des sourds par dizaines, par centaines ? Elle n'arrivait pas à l'accepter. Elle ne pouvait pas admettre ce qu'elle découvrait à quinze ans.

En rentrant chez elle, ce fut le drame. Ses parents ont été victimes de leur silence coupable, inacceptable. Sylvie s'est déchaînée. Colère, humiliation, fureur, comment ses propres parents avaient-ils pu la nier à ce point ? La réponse des parents : « C'était pour ton bien. »

C'était, monsieur, madame, pour l'éloigner de ceux qui lui ressemblent. Pour que les voisins ne sachent pas. Pour que votre fille, monsieur, madame, s'acharne à parler, à vous ressembler à vous, pas à elle. Surtout pas à elle !

Sylvie a exigé de ses parents de changer d'école pour rencontrer des sourds. Elle s'est mise à la langue des signes très courageusement, petit à petit, avec beaucoup de difficultés, mais aussi de conviction, elle a su s'intégrer dans un monde où elle demeurait tout de même marginale, d'un côté comme de l'autre. Puis au fil des ans, son comportement a changé. La langue des signes lui a permis de s'épanouir, d'être heureuse. Elle m'a dit avoir pardonné maintenant à ses parents. Je l'aime beaucoup, Sylvie, pour son courage. Pour ce qu'elle a vécu et surmonté.

Quinze ans de mensonge ! Ça m'énerve.

C'est comme en politique. Lorsqu'il y a un discours politique à la télévision, il n'est jamais sous-titré, sauf quelques discours de François Mitterrand, alors que nous sommes trois millions et demi de sourds, et, que je sache, on ne nous a pas retiré le droit de vote ! Il y a les journaux, bien sûr, mais ce que dit un homme politique à un moment précis, l'expression qu'il a, la manière dont il le dit, les mots qu'il utilise, ça compte aussi.

Un jour, dans un club de motards sourds, j'ai eu la surprise d'entendre des propos racistes ! Le seul homme politique qui soit à peu près compréhensible pour eux en lisant sur les lèvres était un monsieur dont je n'ai même pas envie d'écrire ici le nom. Pas du tout.

J'ai entendu ces jeunes sourds me dire :

« On a voté pour lui parce qu'il utilise des mots simples, on lit facilement sur ses lèvres. Il articule bien. Les autres, on ne comprend rien quand ils parlent. »

« La France aux Français », ça se lit bien sur les lèvres ! Mais ce que ça cache, le racisme, l'exclusion, tous les dangers que peuvent en déduire les entendants, c'est néant pour ces jeunes sourds. Qui est venu à la télévision sous-titrée pour leur dire :

« Voilà ce que dit cet homme, et qui n'est pas humainement supportable » ? Qu'ils aient le choix ensuite, ça les regarde, mais ce qui me met en boule, c'est qu'ils ne l'ont pas !

Je suis tellement choquée que ces pauvres garçons votent en se fondant tout simplement sur ce qu'ils arrivent à lire sur les lèvres de cet homme-là ! Ou ne votent pas, parce qu'ils n'ont rien compris sur les lèvres des autres ! Je leur ai dit :

« Un jour, dans l'histoire, un autre homme, qui articulait tellement bien qu'il en hurlait chaque syllabe, a collé une étoile jaune aux juifs, un triangle rose aux homosexuels, et un triangle bleu aux handicapés. Parmi eux, il y avait les sourds. Étoiles et triangles ont été exterminés chacun dans leur couleur. Cet homme-là a stérilisé les sourds pour qu'ils n'aient plus d'enfants. »

Il faut que les hommes politiques fassent un effort, en dehors du sous-titrage institutionnel qui accompagne le discours de Noël du président de la République. Ce n'est pas à Noël qu'on vote !

Ça m'énerve.

Une fois, nous avons rencontré pour un colloque l'ex-ministre aux handicapés et accidentés, lui-même dans un fauteuil roulant. Un homme gentil, mais :

Premier point, il ignorait totalement ce que représentait le monde des sourds.

Deuxième point, il s'est obstiné à dire :

« Vous devez d'abord parler, pour pouvoir vous intégrer dans le monde des entendants. »

Comment comprenait-il le mot intégration ? Où étaient les écoles dont nous lui disions avoir besoin pour progresser dans nos deux langues ? Où étaient les foyers pour les jeunes sourds ? Les centres d'information sida pour tous les sourds ? Où étaient toutes nos revendications ?

Il ne savait que répéter :

« Parlez, et vous vous intégrerez ! »

Finalement, un sourd s'est levé, fâché, et lui a répondu :

« Si je dois parler, alors lève-toi et marche ! »

C'était méchant ? Sûrement. Mais c'était aussi de l'humour noir. Ça aide, parfois.

Les hommes politiques me désolent. Violon. J'ai déjà dit que je ne percevais aucune vibration du violon. Trop haut. Trop compliqué. Trop sinueux. Impossible à imaginer comme musique.

J'ai besoin d'avoir les pieds sur terre, pour sentir une musique réaliste.

Ça m'énerve.

22

SILENCE BACHO

Si j'avais un prof de français capable de signer comme ma mère (même avec les fautes qu'elle fait encore, et qui me font rire), j'aurais moins peur du bac. Je lis sur les lèvres. Il faut que j'arrive à déduire de ce que je vois sur ces lèvres UN mot, puis un deuxième mot, jusqu'à, finalement, construire UNE phrase. En tout j'aurai passé dix ans au cours Morvan. C'est une école privée, oraliste, mais je suis reconnaissante de l'enseignement que j'y ai reçu.

Je passe mon temps dans les dictionnaires et les bouquins. Pour trouver précisément le sens d'une phrase que j'ai comprise sur les lèvres d'un prof. Je potasse les cours. Je bosse parfois jusqu'à deux ou trois heures du matin, comme une dingue. Le bilinguisme m'aide énormément. L'orthographe, ça va. Je me souviens très bien visuellement d'une erreur. Par contre, la construction des phrases, les bien que, tandis que... c'est compliqué. Nous n'avons pas la même grammaire en langue des signes. Et je veux toujours faire une belle construction de phrase, en français, avoir un beau style. Parce que je le voudrais académique. Impeccable.

Ma sœur, qui me bat de loin sur ce plan, à qui j'ai appris, et j'en suis fière, à signer parfaitement, vient maintenant corriger mes textes français. Marie dit :

« C'est quoi ce "parce que" ? Pourquoi tu l'as mis là ? T'as mis trop de qui et de que, et pas au bon endroit. »

Je lis des tas de journaux, je bouquine jusqu'à n'y voir plus clair. J'ai la tête farcie de tellement de choses que je dois avoir l'air complètement abrutie, par moments.

C'est dans ma nature de me dépasser, d'aller au bout des choses que j'entreprends. Quand je décide d'atteindre un but, je n'abandonne pas. Rien, ou presque rien ne m'arrête. Mouette têtue. Mouette obstinée, fatiguée.

1991, année du bac pour Emmanuelle Laborit. Premier essai.

J'ai dix-neuf ans. Je suis effrayée. Morte de peur.

J'ai tellement envie de réussir, j'ai tellement travaillé, la nuit, le jour, et j'ai tellement le trac, que le jour de l'examen, je perds tous mes moyens. C'est l'échec.

C'est dur un échec, comme ça, si bête en plus. C'est le trac qui m'a abattue.

La mouette est découragée. J'ai vraiment envie d'abandonner.

Au fond, est-ce que j'ai vraiment besoin du bac ? Et si je laissais tomber ? Maman et papa disent :

« Non. Ne fais pas ça. Tiens bon. Recommence. Si tu laisses tomber, tu n'auras plus beaucoup de choix pour l'avenir. Vas-y, fonce. »

Ça recommence. Passe ton bac d'abord.

Pour ne pas me décourager complètement, pour m'accrocher à ce « Passe ton bac d'abord », je supplie mes parents de me laisser suivre en plus des cours par correspondance, pour pouvoir récupérer les cinquante pour cent manquants de la géo, la philo, l'histoire, le français, l'anglais, la bio et le reste. En maths encore, nous avons les signes.

J'ai besoin de lire le plus possible, d'écrire le plus possible. J'aime l'histoire, mais pour traiter par écrit un sujet d'histoire, la mémoire ne suffit pas, il faut rédiger parfaitement.

Au cours Morvan, je suis l'une des rares à lire autant. En général, les sourds ne lisent pas beaucoup. Ils ont des difficultés. Ils mélangent les principes de la langue orale et de la langue écrite. Pour eux, le français écrit est une langue d'entendants. Moi, je dis que la lecture est proche de l'image, du visuel. Mais c'est un problème d'éducation. On m'a appris à aimer les romans, l'histoire, et si quelque chose m'échappe dans une lecture, je fouille dans le dictionnaire. Mes parents aiment lire et écrire, ils ont déteint sur moi.

Inflation. Déflation. Économie mondiale. Philosophie. Le Minitel marche fort entre les copains futurs bacheliers. L'un d'eux a d'ailleurs fait énormément de progrès en français grâce au Minitel. Il était nul, ça l'a obligé à écrire. Maintenant, il se sert de l'écrit. Sa grammaire a encore des trous, mais son vocabulaire s'est enrichi.

Cet oral me fait une peur bleue, comme on dit en français. Je peux ajouter verte. Noire.

1992. Bientôt mes vingt ans. Ultime tentative.

23

SILENCE REGARD

Encore un trimestre. C'est là que le silence me tombe sur la tête, avec tous ses enfants !

J'ai vu la pièce *Les Enfants du silence* quand j'avais dix ans, au studio des Champs-Élysées, avec mes parents. Une pièce de Mark Medoff, qu'il a écrite pour une amie, une comédienne sourde, Phylis Freylick. Le rôle féminin était tenu alors par Chantal Liennel. Celle qui m'a donné mon nom quand j'étais petite, « le soleil qui part du cœur ».

A dix ans, je n'ai pas tout compris. Je me souvenais plutôt de l'ambiance du spectacle. Une scène, des personnages, un homme qui entend, une femme qui parle en signes. Le combat entre les deux mondes.

Maman dit :

« Emmanuelle, un metteur en scène veut te voir à propos d'une nouvelle création des *Enfants du silence*. J'ai pris rendez-vous avec lui pour toi. »

Emotion. Palpitations.

Le jour dit, il arrive. Avec un grand manteau, et un costume chic. Moi, lycéenne, en blue-jean et en sweat-shirt.

Regard. Il se passe quelque chose dans ce regard. Les mains parlent ma langue.

Jean Dalric me dit immédiatement :

« Physiquement, c'est vous qu'il me faut pour le rôle de Sarah dans *Les Enfants du silence* ! Beaucoup de gens m'ont découragé d'engager une comédienne sourde pour cette pièce. Mais j'en ai décidé autrement. C'est terrible de refuser les sourds dans le monde du travail et de la culture. Honteux ! »

Je lui ai demandé un jour pourquoi il s'intéressait tant au monde des sourds, pourquoi il s'était engagé à fond pour les sourds, ce qui l'attachait si fort à eux. Silence... Il a réfléchi et il m'a répondu, troublé par cette question :

« Je ne sais pas, j'ai l'impression d'être de la même famille. »

Sarah, le rôle féminin principal !

Maman dit :

« Attention, Emmanuelle est comédienne amateur. Elle n'a jamais joué professionnellement, mais uniquement pour le plaisir. Ne lui faites pas miroiter un rôle qu'elle ne pourrait peut-être pas tenir. »

Maman se méfie de lui. Peur qu'il mène sa mouette en bateau. Réaction maternelle. Elle se méfie de tout ce qui pourrait me faire du mal. Mais cet homme ne me veut pas de mal.

Et s'il faut se méfier, je me méfierai toute seule, maman. Je suis grande.

Jean me demande si nous pouvons nous rencontrer régulièrement, pour discuter et lui permettre d'apprécier mes capacités de comédienne. Je me méfie :

« Vous dites que vous voulez de moi pour ce rôle, mais vous pouvez vous tromper sur "moi".

— Je me trompe rarement dans la vie. »

Faire confiance à un inconnu, ce n'est pas évident. Pourtant, c'est instinctif. J'ignore encore si je pourrai jouer le rôle de la Sarah des *Enfants du*

Silence. C'est un rôle dur. Il faut non seulement le jouer, mais le vivre de l'intérieur. Je n'ai pas d'expérience.

Il y a peu de comédiennes sourdes ; en Belgique, il a été joué par une entendante. Le film américain tiré de la pièce a eu un immense succès et un Award d'interprétation, Oscar à Hollywood.

C'est énorme de reprendre ce rôle.

Nous nous voyons pendant neuf mois pour accoucher de Sarah.

Regards.

Plus on se voit, plus on discute ensemble, plus je le questionne sur le personnage de Sarah, plus il est patient, plus je me sens attirée. Mais c'est moi qui dis :

« Je passe mon bac d'abord.

— D'accord, mais il me faut ta réponse avant. Ce n'est pas facile de monter une pièce pareille. »

Silence. La mouette réfléchit.

L'homme m'attire, la pièce, le rôle, tout m'attire. Faire du théâtre, c'est ma passion. Je n'aurais jamais osé espérer une proposition pareille. Mais je ne veux pas être déstabilisée à trois mois du bac.

Les pulsions en sommeil. Les passions en attente. Il faut que j'atteigne mon but, et toute seule.

« Si tu réussis ton bac, tu joueras encore mieux. Mais je sais que tu es capable de tenir ce rôle. »

Il l'a dit sérieusement en plus !

Regard. Tu me plais, regard. On se reverra, regard.

Dans trois mois.

24

MONSIEUR L'IMPLANTEUR

Un jour, Marie et ma mère ont discuté d'une éventuelle opération miraculeuse, et improbable, qui rendrait les sourds entendants. Elles parlaient de moi, se demandant si je l'accepterais.

« Marie, pourquoi dis-tu non à sa place ? Peut-être qu'Emmanuelle accepterait ?

— Ça, ça m'étonnerait ! Je connais ma sœur comme si je l'avais faite, elle refusera forcément. »

Elles en ont débattu un moment, puis ont fait un pari. Marie est venue m'expliquer le débat, tout excitée, et sûre d'avoir raison.

Elle avait raison. Elle a encore complètement raison.

Marie connaît tout de moi, mieux que personne. Et sur ce sujet, elle pouvait répondre à ma place, en effet.

Je refuserai. J'appelle ça de la purification. Mais dès que le terme « purification » est prononcé, il faut s'expliquer. J'ai un problème avec mon père à ce sujet. Il n'est pas d'accord sur le terme. Il dit :

« Attention, ne dis pas de bêtises... »

Mais il est LUI. Entendant. Je suis MOI. Mouette.

Purification ne veut pas dire que je parle de racisme.

Nous sommes une minorité de sourds profonds dès la naissance. Avec une culture particulière, une langue particulière. Les médecins, les chercheurs, tous ceux qui veulent faire de nous à tout prix des entendants comme les autres me hérissent. Nous rendre entendants, c'est anéantir notre identité. Vouloir que tous les enfants, à la naissance, ne soient plus « sourds », c'est vouloir un monde parfait. Comme si on les voulait tous blonds, aux yeux bleus, etc.

Alors, plus de Noirs, plus de durs de la feuille ?

Pourquoi ne pas accepter les imperfections des autres ? Tout le monde en a. Par rapport à vous, entendants, Emmanuelle est imparfaite. Il faut naître avec des oreilles qui entendent, une bouche qui parle. Pareille. Identique le plus possible au voisin. Je me compare aux Indiens d'Amérique du Nord, que les civilisations européennes et chrétiennes ont anéantis. Les Indiens parlaient beaucoup en signes gestuels, eux aussi, tiens... bizarre.

Les autres entendent, pas moi. Mais j'ai mes yeux, ils observent bien mieux que les vôtres, forcément. J'ai mes mains qui parlent. Un cerveau qui accommode des informations, à ma manière, selon mes besoins.

Je ne vais pas vous traiter d'imparfaits, vous, les entendants. D'ailleurs, je ne me le permettrais pas. Au contraire, je veux l'union entre les deux communautés, avec le respect. Je vous donne le mien, j'attends le vôtre.

Le monde ne peut pas et ne doit pas être parfait. C'est sa richesse. Même si un chercheur parvenait à détecter LE gène qui fait que des enfants naissent sourds profonds comme moi, même s'il parvenait à « bidouiller » ce gène, je refuse le principe.

Je comprends parfaitement que des adultes qui

deviennent sourds après avoir entendu demandent de l'aide. Eux, deviennent brutalement handicapés. Ils sont privés d'un sens dont ils avaient l'habitude, de leur culture, de leur mode de fonctionnement, de leur mode d'emploi, finalement. Mais que l'on ne touche pas aux enfants qui naissent comme moi. A toutes les petites mouettes de ma tribu à travers le monde. Qu'on leur laisse le choix, la possibilité de se réaliser dans les deux cultures.

L'histoire des sourds est une longue histoire de combat. Quand, en 1620, un moine espagnol a inventé les rudiments de la langue des signes, que l'abbé de l'Épée l'a développée plus tard, ils ne se doutaient pas que le formidable espoir qu'ils avaient donné au monde des sourds allait s'éteindre brutalement. L'abbé avait fondé un institut spécialisé dans l'éducation des sourds.

Au XVIIIe siècle, sa renommée fut si grande, que le roi Louis XVI vint admirer son enseignement. C'était une révolution, toute l'Europe s'y intéressait.

Au XIXe siècle, c'est l'interdit officiel. La « mimique », ainsi qu'on l'appelle, doit disparaître des écoles. Refusée, parce que indécente et empêchant soi-disant les sourds de parler. Écartée parce que cataloguée comme « langue de singe » !

On a ainsi obligé les enfants à articuler des sons qu'ils n'avaient jamais entendus et n'entendraient jamais. On a fait d'eux des sous-développés. Médecins, éducateurs, Églises, le monde des entendants s'est uni avec une violence incroyable contre nous. Seule la parole était reine.

Il a fallu attendre le décret de janvier 1991 pour que l'interdiction soit levée. Pour que les parents aient le choix du bilinguisme pour leurs enfants. Un choix important, car il permet à l'enfant sourd d'avoir sa propre langue, de se développer psycho-logiquement, et aussi de communiquer en français oral ou écrit avec les autres. Il s'était écoulé un siè-cle de ce que j'appelle un terrorisme culturel de la part des entendants. C'est fou ! Un siècle sombre, durant lequel, en Europe, les sourds, privés de la lumière du savoir, ont dû se soumettre. Alors que durant ce temps, aux États-Unis par exemple, la lan-gue des signes était un droit et devenait une vérita-ble culture à part entière.

Mais maintenant, avec le progrès scientifique et médical, avec l'invention de l'implant cochléaire, l'hégémonie des entendants sur nous va plus loin.

L'implant, cette machine infernale, convertit les ondes sonores en courants électriques. Il faut placer des électrodes de platine dans l'oreille interne. Ces électrodes sont reliées à un micro-ordinateur implanté sous le cuir chevelu par une quinzaine de relais. Une petite antenne cachée derrière l'oreille et reliée à un boîtier transmet à l'ordinateur les sons du monde extérieur. Le micro-ordinateur n'a plus qu'à coder les sons pour les réexpédier en signaux au nerf auditif. L'humain qui le porte doit appren-dre à décoder.

Depuis 1980, date des premières opérations, on entend parler de ça partout dans le monde des sourds. Ceux qui refusent ce procédé, comme moi, sont considérés comme une poignée d'irresponsa-bles, de militants dépassés par la science. On dit de nous :

« Ils dénoncent une tentative de purification ethnique de la population des sourds, c'est ridi-cule. »

Ou bien :

« Leur langue des signes est violente, ce n'est pas étonnant qu'ils nous rejettent, et qu'on les rejette. »

Et encore :

« La langue des signes est une antiquité dont ils font un pouvoir ! »

Qui parle de violence ? De pouvoir ? De rejet ?

Pas moi, en tout cas. Si je refuse cette « technique chirurgicale », c'est parce que je suis adulte et que j'ai le droit de refuser. Par contre, le bébé de trois ou quatre ans à qui on impose ce « truc » n'a pas son mot à dire, lui. Moi, je l'ai. D'habitude, je m'énerve dans cette discussion. Et en langue des signes, ça se voit.

Aucun des médecins qui prétend au miracle avec cet engin ne parle la langue des signes. Ce qu'il veut, c'est que le sourd entende comme lui. Parle comme lui. Ce qu'il prétend, c'est que nous hurlons au loup. Il nous taxe de « poignée de militants manipulés », qui craignent que disparaisse le « pouvoir » de la langue des signes.

Pas « pouvoir », monsieur le chirurgien, « culture ».

Vous ne parlez pas culture, douceur, échange, vous parlez chirurgie, pouvoir du bistouri, des électrodes, des signaux codés.

Sans compter que vous n'avouez pas honnêtement les dégâts que cette chirurgie peut faire.

Vous n'êtes pas sûrs de vos électrodes, monsieur l'implanteur. Elles peuvent se déglinguer dans dix ou vingt ans. Vous n'avez pas le recul suffisant, pour être aussi péremptoire. Vous ne pouvez pas faire n'importe quoi.

Vous ignorez le seuil de tolérance individuel à la réception de ces sons codés. Les adultes s'en plaignent, les petits enfants ne peuvent pas contrôler eux-mêmes l'appareil et le fermer quand ils en souffrent. Ils subissent.

Vous donnez des résultats positifs qu'il est difficile de vous contester, puisque nous ne pouvons pas les contrôler. Des résultats dits « variables » : 50 % de réussite ; 25 % de résultats moyens, qui nécessitent de lire encore sur les lèvres, après une longue rééducation, et de se servir de l'appareil dans une ambiance non bruyante (quel progrès !) ; enfin, 25 % de mauvais résultats. Ces derniers n'entendront jamais que des bruits non identifiables, et débrancheront leur appareil définitivement.

Et vous prétendez imposer une statistique pareille ? Pourquoi ne pas accepter une évaluation impartiale ?

Que fait-on lorsqu'on est dans les 25 % de mauvais résultats à l'âge de trois ans ? On vient vous voir vingt ans plus tard pour protester ?

On ne peut pas. Il n'y a plus rien à faire et vous le savez ! L'implant fait des dégâts irréversibles. S'il restait quelques possibilités auditives dans la cochlée de l'implanté avant l'opération, elles sont définitivement détruites. Quel que soit l'âge.

Des chercheurs de renom parlent de « codes d'entrée biologiques » des messages sonores sur le nerf auditif, les « indices neuronaux ». Leur fonctionnement est encore inconnu. Le jour où les chercheurs auront décrypté ces indices, êtes-vous sûr que vous n'aurez pas l'air, vous aussi, « d'une antiquité » ?

Vous ne voulez pas entendre l'histoire de cette petite fille implantée qui dit en pleurant :

« J'ai une araignée dans la tête. »

Parce qu'elle ne parvient pas, malgré votre rééducation intensive après l'implant, à décoder convenablement les sons.

Vous n'avez jamais entendu parler de cette jeune femme qui s'est suicidée, trois ans après la pose de l'implant, parce qu'elle ne supportait plus psychologiquement, nerveusement, le nouveau bruit du monde ?

L'implant, pour moi, c'est un viol. Que l'adulte l'accepte, c'est son affaire. Mais que des parents soient complices d'un chirurgien pour imposer ce viol à leur enfant, ça me fait peur.

Votre « oreille électronique » me fait peur, monsieur l'implanteur. Vous allez trop loin. Penchez-vous sur votre déontologie, écoutez-la davantage. Elle doit bien vous murmurer quelque chose.

Comme d'habitude, vous brandissez le drapeau de la science, du progrès. Mais vous ignorez l'humain sourd dont vous parlez. Sa psychologie, ses acquis. Vous ignorez l'avenir du petit enfant sourd que vous voulez modifier.

Le sourd a une qualité de vie. Une adaptation à cette vie. Il s'épanouit avec la langue des signes. Il arrive à parler, à écrire, à conceptualiser à l'aide de deux langues différentes.

Les enfants sourds de parents sourds n'ont de toute façon pas d'autre choix. Et il est vrai que la surdité en famille est un monde différent du vôtre. Acceptez-le.

Tous ces sons qui vous abreuvent, ces bruits, moi, je les imagine à ma manière. Leur découverte brutale serait sûrement décevante, traumatisante, infernale à vivre. Se faire une autre conception du monde que celui de mes yeux ? Impossible. Je perdrais mon identité, ma stabilité, mon imagination, je me perdrais moi-même. Soleil qui part du cœur se perdrait dans un univers inconnu. Je refuse de changer de planète.

Une fois, une petite fille m'a demandé peureusement :

« Pourquoi ils disent que c'est bien de mettre un appareil dans la tête ? C'est mal d'être sourd ? »

Il m'arrive parfois de me demander si tout cela ne cache pas un lobby, comme on dit, des fabricants de ces appareils. Pour faire autant de bruit, c'est peut-être un marché important ? Au prix de l'implant, entre cent mille et cent cinquante mille francs...

Ce monde du bruit, de votre bruit, je ne le connais pas, et il ne me manque pas. Je rends grâce à ma famille, qui m'a donné une culture du silence. Je parle, j'écris le français, je signe, c'est avec tout cela que je ne suis plus une mouette qui crie sans le savoir.

Il me semble que cet implant ressemble étrangement à ces appareils que les militaires américains implantaient chez les dauphins, pour essayer de comprendre leur langage et faire des expériences. Expériences...

Depuis une vingtaine d'années, mon âge en quelque sorte, certains médecins, pas tous, n'ont cessé de proclamer : « Les sourds vont entendre Beethoven ! » Au début, c'était pour le lendemain. Puis ce fut pour un « proche avenir ». Puis il y eut besoin de souscriptions privées. Puis on recula dans le diagnostic, en parlant de ne pas toucher aux surdités anciennes de plus de dix ans. Puis on a décidé qu'il fallait implanter les petits sourds, dans les premières années de leur vie, avant que leur cerveau auditif ne s'atrophie. Comme s'il fallait faire vite, vite, avant d'avoir tort.

Les idées vont et viennent, l'information est mal faite, personne n'est sûr de rien, chaque cas est une particularité, et nul ne peut jurer que l'expérience réussira sur tel ou tel sourd. Et il faudrait en plus ne pas le dire ?

C'est vrai, je n'aime pas ce côté expérimental sur un être humain. Et sans être une militante activiste

196

en colère vingt-quatre heures sur vingt-quatre, j'ai le droit de dire le contraire de ce que vous dites, monsieur l'implanteur.

A une réunion de réflexion organisée pour les sourds, mon père est venu, avec des enseignants spécialisés, des psychiatres, des hommes de loi, des médecins ORL. Nous devions réfléchir ensemble au problème de l'implant. Une jeune fille sourde s'est mise à parler de la surdité comme d'une minorité raciale. Ses parents sont sourds, il y a x générations de sourds avant elle, pas un seul entendant dans la famille, elle conçoit donc la surdité comme une race à part. Mon père s'est mis en colère. Choqué, il ne pouvait pas accepter ce terme. C'était la première fois que je le voyais dans une colère pareille :

« Ça veut dire quoi le mot "race" ? Que l'on retourne au fascisme ? Vous voulez aussi revendiquer la race aryenne ? Je suis qui, moi, par rapport à ma fille ? Vous voulez dire que je suis d'une race différente de celle de ma fille ? Nous sommes de la même race ! »

Je suis intervenue pour dire à cette fille :

« Le mot "race" ne me semble pas du tout adapté à la communauté des sourds.

— Mais pourquoi ton père s'est-il mis en colère ?

— Écoute-moi. Le sperme qui m'a donné la vie, c'est le sien. Il ne vient pas d'un sourd. Ce n'est pas un sourd qui m'a donné la vie, c'est un entendant. Ça n'a rien à voir avec une race, la surdité ! »

Elle a fini par convenir que j'avais raison. C'était la première fois que je voyais mon « géniteur » dans un tel état de colère.

Mais de l'implant, nous en reparlerons, mon père.

Dans les deux langues. Puisque tu as accepté ma différence, et que tu m'as aimée suffisamment pour la partager.

Un médecin implanteur ne se tromperait jamais ? Qui a dit cela ? Hippocrate ?

25

ENVOL

Sarah, enfant du silence. Sarah sourde, refusant de parler. Sarah violente, opprimée. Sarah sensible, amoureuse. Sarah désespérée.

Deux formidables comédiennes sourdes ont joué ce rôle avant moi. Est-ce que j'en serai capable ?

J'y pense, j'y pense, je révise, je révise.

J'ai passé l'écrit. Ça va mieux. Moins peur de l'oral que de l'écrit. C'était dur de réfléchir aussi vite que la plume. De peaufiner les phrases. L'oral me convient mieux. Pour une mouette soi-disant muette, cela peut paraître bizarre. C'est comme ça. J'aime mieux parler qu'écrire.

Je révise. Au début, la philo me posait un problème, j'étais un peu noyée. Je pense que pour les sourds en échec scolaire exprimer l'abstrait doit être difficile. J'ai dû m'y mettre sérieusement. J'avais quelque retard dans le sérieux... Et puis j'ai compris. Je suis capable de parler de la conscience, de l'inconscient, des abstractions, de la violence physique et de la violence verbale, de la vérité et du mensonge.

J'ai tellement travaillé que j'ai une mine de mouette malade.

Passe ton bac, Laborit. On t'a promis le théâtre en récompense.

« Mademoiselle Laborit, parlez-moi du mythe de la caverne. Développez... »

L'oral. Question philo sur la vérité selon Platon. Dur, dur. J'y arrive pourtant. Pour le bac français, l'année précédente, j'ai expliqué à l'examinateur que je suis sourde. J'ai demandé un interprète, auquel, normalement, je peux prétendre avoir droit. Mais pas évident. Je me suis battue pour l'avoir. Et je l'ai eu. Je ne voulais pas d'un professeur à mes côtés, qui me materne, ou de ma mère. Je ne vais pas me laisser materner toute ma vie. Ce n'est pas ça, la vie. Cet interprète, je ne le connais pas, il ne me connaît pas. Il va simplement traduire mes propos.

L'examinateur de philo est sympathique. Mon cas l'intéresse. Il pose beaucoup de questions sur ce que je veux faire plus tard. Je parle du théâtre, il me parle d'art. Il aimerait bien papoter davantage, mais nous ne sommes pas là pour ça. Enchaînement sur le thème.

Je commence avec conviction.

Les ombres de la caverne sont-elles la réalité ou l'illusion, la vérité ou le mensonge ?

Deux ans plus tard, j'ai un peu oublié... En tout cas, je sens que j'ai bien développé le sujet.

« Les hommes prisonniers de la caverne, privés de la lumière naturelle, ont une vision déformée à la lumière du feu ou des chandelles. Ils voient des ombres. Ils ne voient qu'une partie déformée des choses... Toute chose est une idée, l'homme doit aller à la recherche de la vérité des choses. La lumière naturelle, le soleil, symbolise cette vérité, celle du beau, du bien, etc. »

Soleil vérité. Lumière vérité. Oral vérité.

J'ai parlé à en avoir mal aux poignets et à la gorge.

A la fin du mythe de la caverne, le soleil qui part du cœur, épuisée, se voit gratifiée d'un beau 16 en philo !

Merci soleil de Platon.

J'ai mon bac ! Avec une bonne note en plus !

Je m'envole. Je vole vers le théâtre. On m'attend.

Regard-Regard. Mains qui se parlent. Bonjour, bonjour.

Je retrouve mon metteur en scène-comédien, Jean Dalric.

Le vrai travail commence.

Les Enfants du silence racontent le défi de deux mondes. Celui d'un entendant, Jacques, et celui de Sarah, sourde.

C'est une histoire de révolte, d'amour, d'humour.

Jean sera Jacques, professeur dans un institut de jeunes sourds, où ses méthodes surprennent. Il veut sortir les enfants de leur isolement, les obliger à lire sur les lèvres et enfin à parler.

Sarah refuse. Née sourde, elle veut rester cloîtrée dans son univers de silence. Elle refuse le monde des entendants. Il l'a blessée, humiliée. Il n'a jamais fait d'efforts pour communiquer avec elle. Pourquoi en ferait-elle ? Même son père l'a abandonnée.

Sarah va tomber amoureuse de Jacques. Et malgré cet amour veut conserver son identité, son indépendance.

Regard. Sarah-Jacques. Regard. Emmanuelle-Jean.

Emmanuelle va tomber amoureuse de Jean ?

J'ai eu mon bac, j'ai vingt ans, je peux m'envoler vers toutes les passions. Y compris celle-là. Mais passe ton bac de comédienne d'abord.

En dehors de l'équipe, personne ne croit à la reprise de cette pièce en France. Même pas les sourds. Aucune aide financière ou morale. Il est fou, Jean. Je l'aime. J'aime aussi sa folie.

J'apprends. Beaucoup. Le rôle, mais aussi à vivre en équipe, avec les comédiens. Affrontements. Disputes. Entente. Amour. Entendants et sourds mêlés, c'est un échange extraordinaire, précieux. Du cristal. J'apprécie la solidité d'Anie Balestra, la tendresse et l'attention de Nadine Basile, la douceur de Daniel Bremont, l'humour de Joël Chalude, qui est sourd, la force et la ténacité de Jean Dalric, le professionnalisme de Fanny Druilhe, sourde également, et la bonne humeur du bruiteur, Louis Amiel.

Répétition. La mouette se noie, entre deux vagues. Deux directeurs d'acteurs, Levent Beskardes et Jean Dalric. L'un sourd, l'autre pas. Leurs différences dans la compréhension du personnage. Dans leurs indications. La mouette panique. Lui voit Sarah ainsi, l'autre voit Sarah comme ça. A moi de choisir. De mettre Sarah dans ma peau, ou ma peau dans la sienne.

Pour moi, le théâtre était un paradis, il devient un travail. Un vrai travail de professionnelle.

Je n'arrête pas de poser des questions. Pourquoi Sarah est-elle si violente, si opprimée ? Pourquoi veut-elle s'enfermer dans son silence ?

Je travaille dur. Je recommence, ça ne va pas. Je m'énerve. Parfois, je dis :

« Je ne pourrai jamais ! C'est impossible ! »

Mais je progresse. Avec de temps en temps, dans la tête, l'image des deux autres, de celles qui ont joué si bien Sarah avant moi. J'efface. Ne pas se laisser perturber par des ondes différentes. C'est moi qui dois ressentir et jouer Sarah ici et maintenant. Une chance formidable, que je ne dois pas laisser filer. Réussir. Réussir.

Sarah n'est pas vraiment moi, elle est mon travail de comédienne. Elle n'est pas moi parce qu'elle refuse l'autre monde. Elle n'est pas moi parce qu'elle est malheureuse. Pas moi parce qu'elle refuse de parler. Pas moi, parce qu'elle porte en elle la souffrance de l'exclusion, de l'humiliation et de l'abandon.

La scène où Sarah dit que son père l'a abandonnée à l'âge de cinq ans est celle qui me demande le plus de travail. Mon père ne m'a pas abandonnée, moi. Je me concentre.

SARAH : « Le dernier soir, mon père était assis sur le lit, il pleurait. Le lendemain, il est parti, ma mère a accroché un poster au mur ! »

Je n'y arrive pas. Je ne comprends pas comment la jouer, comment m'intégrer dans ce personnage qui exprime tant de souffrance dans ce souvenir, et refuse de le montrer. Qui se défile dans l'ironie douloureuse. Elle ne voulait pas en parler, et tout à coup ce souvenir lui remonte à la figure !

Comment mettre de la subtilité dans cette souffrance ? J'essaie de penser à des souvenirs personnels qui se rapprocheraient le plus de sa souffrance, mais je n'ai rien de semblable.

Je ne peux pas signer bêtement : « Mon père m'a abandonnée », fondre en larmes, et c'est joué ! J'ai besoin de ressentir une émotion sincère, subtile. Souffrir en signant cette souffrance. Et la contenir sur la dernière phrase : « Ma mère a accroché un poster au mur ! »

Sarah ne veut surtout pas montrer cette émotion.

Elle ne veut surtout pas pleurer. Elle ne peut pas. Mais tout ce qu'elle cache, qu'elle retient désespérément au fond d'elle-même, il faut que cela se voie sur son visage. Sur mon visage.

J'ai répété longtemps avec Jean. J'ai failli abandonner sur cette scène-là. Puis c'est venu. Comme une lumière.

Un mois et demi de répétitions, et c'est la première.

Toute la famille est là. Chantal Liennel, qui a créé le rôle en France il y a dix ans, est venue aussi.

J'ai affreusement le trac. Une peur que je ne parviens pas à décrire. Qui ne me lâche pas du début à la fin. Le cœur qui bat la chamade. Qui cogne. L'impression que je n'ai plus ni souffle ni jambes. Cette description est un raccourci. C'est pire que ça en réalité. Il n'y a pas de mot pour le dire.

Je joue dans le brouillard. Je suis ailleurs, je ne vois rien, je ne ressens pas la salle. Perdue. Éperdue sur la scène. Avec toute ma volonté tendue.

Quand le rideau tombe, quand je respire enfin, j'ai une envie de pleurer monumentale. Pleurer de joie. Mais je me retiens pour saluer le public.

J'y suis arrivée ! Moi, toute seule, j'ai réussi ! J'ai joué la pièce du début à la fin ! Je ne suis pas tombée dans les pommes, je n'ai pas oublié une scène, je ne me suis pas pris les jambes dans les rideaux... Et mon cœur n'a pas éclaté de trouille.

Je ne vois même pas la réaction des gens, mon cerveau est toujours embrouillé. Une seule idée : je l'ai fait.

Marie se précipite en larmes, avec des fleurs. Je craque. Je pleure avec elle, dans ses bras, elle dans les miens.

Une émotion capitale. Une joie infinie.

Les jours suivants, j'ai la tête plus solide. Je me rends compte que je ne peux pas diriger mon jeu en suivant les réactions du public. Jean les entend, pas moi. Il s'adapte aux murmures d'émotion, aux rires. Il prend des temps. Il « entend » tout en jouant la nécessité de les prendre. Il faut que je trouve un moyen, une autre manière de le suivre. Je ne peux pas me fixer uniquement sur ses réactions à lui, sur son visage, sur sa manière différente de jouer selon que l'on rit ou que l'on pleure.

Trouve, Emmanuelle. Apprends le métier. Ton métier de comédienne sourde.

Mouette comédienne sur la vague du public-silence, écoute. Écoute bien, de tout ton corps. Cette musique, ce rythme du public, leurs rires, leurs émotions, tu dois les percevoir. Écoute, de tout ton être.

J'ai trouvé ! C'est fabuleux. Je sens les vibrations positives ou négatives, la chaleur ou la froideur du public. Je viens de découvrir quelque chose qui ne peut pas s'expliquer. Ni par écrit ni en signes. C'est au-delà des mots, des paroles, des bruits. C'est... peut-être, une osmose mystérieuse. Je n'en sais rien, mais j'ai trouvé. Je le tiens ! Maman est fière de moi :

« Tu sais que je voulais t'appeler Sarah quand tu es née ? C'est ta grand-mère qui n'a pas voulu. »

Emmanuelle joue Sarah. Ce ne doit pas être le hasard absolu. Un signe ?

Les critiques sont formidables. Pourtant, je savais qu'on ne me ferait pas de cadeau. Merci de m'avoir reconnue comme comédienne. Les professionnels du théâtre et du cinéma, touchés par tout ce qui est du domaine de la voix à travers laquelle passe l'émotion, ont reconnu là quelque chose que les professionnels de la surdité s'obstinent à refuser. Le théâtre Mouffetard, puis le théâtre du Ranelagh nous applaudissent avec enthousiasme tous les soirs. J'ai appris qu'un spectateur, père d'un enfant sourd, a décidé d'apprendre la langue des signes pour sa fille. Jusqu'au jour où il a vu la pièce, il refusait catégoriquement. Il a pleuré, il a compris, il nous l'a dit. J'en ai pleuré aussi.

Nous fonçons. Nous nous envolons. Aller plus loin, jouer plus loin. Le succès nous porte. L'amour aussi. Je ne suis plus « je » ; me voilà devenue « nous ».

La pièce est nominée pour les Molières.

Je lis dans les journaux qu'Emmanuelle Laborit est nominée pour le Molière de la révélation théâtrale de l'année 1993, Jean pour l'adaptation du meilleur spectacle.

Regard. Regard. Jean me dit tendrement :

« Il faut te préparer pour le succès comme pour l'échec. Être prête, tout simplement. Prête. »

L'envol a été si rapide. Je suis encore en l'air.

Je m'apprête donc aux deux éventualités. Avec une préférence pour la première, tout de même. Dans un coin de ma tête, le Molière serait un si joli bonheur. Ça donne des frissons, un bonheur pareil, j'en suis sûre. Tout le corps doit être bonheur. Il m'arrive tant de bonheurs à la fois.

Ne rêve pas, Emmanuelle. Pieds sur terre. Sois prête.

26

MOUETTE EN SUSPENS

Dans ce chapitre, il m'a été très difficile d'exprimer mon émotion, ce bonheur que j'ai ressenti à travers l'écriture. Je les ai vécues dans mon corps, ces émotions, et je les exprime tellement mieux en signant.

Une journée entière pour se préparer. La robe, la coiffure, le maquillage. Mouette en tenue de soirée, prête pour le bal.

Beaucoup de gens de talent sont sur les rangs. Des comédiens professionnels. Je suis la seule sourde dans cette salle.

Mes parents sont quelque part dans un coin, ma sœur dans un autre. Les comédiens de la troupe sont éparpillés. J'aurais aimé avoir près de moi toute ma petite famille. Celle de mon sang, celle de mon cœur. Mêlées.

Je suis avec Jean. Il me sourit, il me tient la main. Lui aussi a le trac. Molière lui ? Molière moi ? Molière pour aucun de nous deux ?

Regards. On s'aime.

J'ai mal au ventre. Une trouille à ne plus voir ce qui se passe autour de moi. Je suis prête à l'échec. Ce soir, j'y pense, plus qu'à la réussite. La salle pleine, les lumières, les caméras, les flashes, l'excitation, la tension que je perçois, toutes ces femmes superbes, belles, connues, tous ces hommes, ces comédiens, sont habitués à ce genre de cérémonie. Le nouveau ou la nouvelle qui atterrit dans leur cercle de professionnels se sent comme un enfant. L'enfant que l'on jette à l'eau pour lui apprendre à nager. Dans un océan de regards, une marée de visages, des guirlandes de mains. Toutes ces bouches qui se parlent autour de moi savent des choses que j'ignore encore. Elles savent l'assurance du paraître, l'assurance de dire et celle de juger.

J'ai mon interprète, Dominique Hof, celle de toujours, celle qui me connaît par cœur, qui devine au premier signe ce que je veux dire. J'ai Jean, dont l'amour sur scène et dans la vie est un repère essentiel. Il signe :

« Ça va ? Tu te sens bien ? »

Oh ! non ! Mais je dis oui.

Je ne voudrais pas monter sur scène, devant ce public prestigieux, comme un automate, pleurer, dire merci et m'en aller. Je voudrais être capable de LEUR dire quelque chose. Je suis au moins sûre de ça. Mais je veux être capable, aussi, de rester assise, parmi eux, et de me contrôler. De recevoir l'échec. Le monde du théâtre, un troisième monde pour moi, m'a accueillie ; je dois me montrer digne de lui.

Adolescente, je rêvais de Marilyn Monroe, si fragile devant toutes les émotions de son métier. J'avais des photos d'elle partout. Je ne suis pas Marilyn, ce n'est pas Hollywood, mais pour moi, c'est la même chose. C'est la première fois qu'une comédienne sourde est nominée pour un Molière. Cette première m'est dévolue. Même si ce n'est pas moi, j'aurai déjà franchi un immense obstacle.

Deux émotions possibles dans quelques minutes. L'une pour s'envoler, l'autre pour rester sur place.

Sur la scène, Edwige Feuillère, superbe, avec Stéphane Freiss, qui a reçu le Molière de la révélation théâtrale l'année précédente. Jean me signe que l'on commence à citer les cinq noms.

Je ne tiens plus. Je voudrais savoir en un millième de seconde, vite, vite, pour que mes mains ne tremblent plus, pour que... pour que ça s'arrête.

On déchire l'enveloppe. Si c'est moi, l'interprète va me prévenir. On est venu la chercher au début de la liste des nominés, pour lui dire de se tenir prête à monter sur scène. Au cas où. S'ils l'ont prévue, c'est que peut-être...

Mais Jean a entendu avant. Il a entendu le Em.... d'Emmanuelle. L'interprète n'a même pas eu le temps de finir son geste, qu'il est debout, il sait. Em... c'est forcément moi.

Je ne sais plus qui regarder. Lui ? l'interprète ? la scène ?

Je me lève dans un nuage, nos regards se prennent, inutile de parler. Je pars, je marche, je tangue, des milliers de choses me traversent la tête, sans aucun lien logique. Un déferlement d'images. Je commence déjà à signer, sans m'en rendre compte. J'avance, je réfléchis à ce que je dois dire. Le chemin jusqu'à la scène me paraît long, interminable. Mes jambes tremblent, j'ai peur de tomber. Ma robe, les talons immenses, je n'ai pas l'habitude de marcher là-dessus. Je vais tomber, m'étaler ; il faut que je pense à bien marcher sur ces échasses. Je vois ma mère, je fais un signe à mon père, je regarde mes pieds, je répète ce que je vais dire. Je regarde à nouveau mes pieds. Je ne peux pas détacher mon regard de mes pieds. Je surveille attentivement le chemin de mes pieds. Je monte les escaliers, là, je peux enfin lever le regard un peu plus haut. J'arrive.

Edwige Feuillère est loin, loin sur la scène, souriante, elle attend. C'est moi qu'elle attend !

Tout à coup je vois le public devant moi. L'énorme public.

Je titube. L'émotion est déjà dans ma gorge, roulée en boule, prête à éclater. Je ne veux pas pleurer, je ne veux pas, mais ça monte, ça m'envahit, ça déborde.

Je pleure en arrivant devant cette grande dame, qui me tend les bras. Je suis bloquée. Je ne vais pas arriver à m'exprimer en langue des signes. Ça ne vient pas.

Je signe « merci », maladroitement. Rouages bloqués. Mes yeux ne voient plus rien.

Puis une petite voix dans la tête, qui dit :

« Emmanuelle, vas-y ! Le public est devant toi. Le public des Molières. Fonce ! Dis quelque chose ! »

Émotion de côté. Peur de côté. Je me lance.

« Merci, merci, merci. »

Ça va un peu mieux. Je continue, en coinçant l'émotion au fond de ma gorge, en la bloquant désespérément. Dire ce que j'ai à dire, je me le suis promis. Ne pas flancher.

« C'est dur pour moi de signer. C'est la première fois qu'un sourd est reconnu comme comédien professionnel et reçoit un Molière. Je suis si heureuse pour tous les autres sourds. Excusez-moi, je suis très émue. J'ai vraiment les larmes aux yeux. Je voudrais vous enseigner un signe très simple, très beau... Je voudrais que vous le fassiez avec moi... »

Je fais le signe de l'union. Le beau signe que j'aime, celui de l'affiche des *Enfants du silence*.

J'attends que tout le monde le fasse, et personne ne le fait. La panique me prend. Personne ne bouge. Je pense : « A quoi ça sert que je m'exprime ? Personne ne ressent la même émotion que moi ? »

Je me sens ridicule. C'est horrible. Je me tourne vers l'interprète, qui m'explique en vitesse le décalage de la traduction. Ce temps mort, terrible, où rien ne s'est passé, ce n'était que ça ! La traduction de mon petit laïus ! Dans mon trouble, je n'y ai même pas pensé. Je recommence à faire le signe et, tout à coup, je vois une personne, puis quelques autres, et enfin tout le public ! Bras levé, mains en papillons, doigts signant l'union.

C'est le plus beau cadeau du monde. Tous ces gens devant moi qui font le même geste. Pour les remercier, je dis oralement :

« Je vous aime. »

La voix coupée par l'émotion, je sais que peu de gens ont dû entendre ce murmure de mouette aphone. J'embrasse Edwige Feuillère, et je me sauve dans les coulisses.

Ma sœur court dans une allée, vient se jeter dans mes bras.

Je n'ai pas encore vraiment réalisé que l'on vient de me donner le Molière de la révélation de l'année 1993. Les flashes m'aveuglent, c'est l'horreur, dix minutes de flashes à la mitraillette.

Et c'est au tour de Jean de monter sur scène.

Molière de la meilleure adaptation.

Nous avons gagné tous les deux.

Attention Bonheur.

27

AU REVOIR

J'ai découvert récemment le célèbre questionnaire de Proust. Aux deux dernières questions : Votre devise préférée ? Le don de la nature que vous aimeriez avoir ? J'ai répondu : Profiter de la vie ; le don, je l'ai déjà, je suis sourde.

Le lendemain de la cérémonie des Molières, dans les journaux, en grosses lettres, à peu près le même titre : « La sourde-muette reçoit le Molière. »

Pas Emmanuelle Laborit : « La sourde-muette ». Emmanuelle Laborit est écrit en tout petit, sous la photo.

Je suis toujours étonnée par ce terme « sourde-muette ».

Muet signifie qui n'a pas l'usage de la parole. Les gens me voient comme quelqu'un qui n'a pas la parole ! C'est absurde. Je l'ai. Avec mes mains, comme avec ma bouche. Je signe et je parle français. Utiliser la langue des signes ne veut pas dire que l'on est muet. Je peux parler, crier, rire, pleurer, des sons sortent de ma gorge. On ne m'a pas coupé la langue ! J'ai une voix particulière, c'est tout.

Je n'ai jamais dit aux journalistes que j'étais privée de parole, j'ai seulement plus de vocabulaire acquis en langue des signes, et il m'est effectivement plus facile de répondre à leurs questions par ce moyen, avec un interprète.

Anecdote : un professeur orthophoniste, après tous ces articles parus sur moi, m'a agressée en me disant que j'aurais dû parler, au lieu de signer. Elle m'a affirmé que c'est ma faute si les gens croient que les sourds sont muets ! Elle m'a accusée de mensonge. D'après elle, je suis devenue la représentante des sourds, et je dois assumer cette responsabilité en intentant un procès aux journalistes qui ont dit « muette » !

Un procès pour un mot. Ridicule.

Le métier de ce professeur est de « démutiser » les sourds, de les faire parler, alors, bien sûr, la langue des signes, pour elle, c'est une sous-langue, une misère de pauvreté, un code sans abstraction ! Des images !

Elle n'a rien compris aux sourds, cette « spécialiste » des sourds. Dommage pour elle, mais surtout dommage pour eux.

« Il n'est rien de plus effrayant que l'ignorance agissante », a dit Goethe. Et puisqu'il s'agit de théâtre, j'aimerais me transformer en Dorante pour vous dire :

« Je voudrais bien savoir si la grande règle de toutes les règles n'est pas de plaire, et si une pièce de théâtre qui a attrapé son but n'a pas suivi un bon chemin. »

Je peux vous le dire aussi en langue des signes.

Merci, monsieur Molière.

Folie. Les journalistes, les interviews, les photos, Cannes en belle robe blanche, la montée des marches, tous ces gens qui m'appellent en oubliant que je ne les entends pas... C'est beau, c'est du bonheur. Mais c'est tuant.

On m'a demandé de participer à des émissions de télévision, j'ai visité toutes les chaînes. On me propose des rôles pour le cinéma. Tout va si vite, je suis dans un tourbillon. Et pendant ce temps, nous sillonnons la France avec *Les Enfants du silence*. Chaque soir, je frémis en saluant le public, en voyant les mains se lever pour applaudir. « J'entends » le succès. Il vibre dans tout mon corps.

Jean me fait travailler, il m'aime. Nous avançons main dans la main. Il est mon repère qui entend. Mon compagnon de signes et de route.

La petite lumière rouge du téléphone ne cesse de clignoter. Il y a tant de projets dans la vie de la mouette. Tant de choses à faire, à dire, à jouer. A aimer.

Je suis fière. Et heureuse que tout ce monde des médias s'intéresse, à travers moi, au monde du silence. Ils ne connaissent pas les sourds. Chaque journaliste me donne l'impression de découvrir que nous existons. Ils sont gentils, adorables, passionnés, attentifs, admiratifs même. C'est positif.

Mais certaines questions me font grimper au plafond. Une surtout. Toujours la même. La question répétitive. « Votre silence, il est comment ? Il est plus silencieux que le silence d'une cave, ou que le silence aquatique ? »

Une cave ? ce n'est pas silencieux, pour moi, une cave ! C'est plein d'odeurs, d'humidité, c'est bruyant de sensations, une cave. Sous l'eau ? Je suis chez moi, sous l'eau. Je suis une mouette sous-marine, qui adore plonger. Je suis une mouette de surface qui adore le soleil et la mer. Je suis comme vous, sous l'eau.

Mon silence n'est pas votre silence. Mon silence,

ce serait plutôt d'avoir les yeux fermés, les mains paralysées, le corps insensible, la peau inerte. Un silence du corps.

J'ai envie de répondre aussi, parfois, que tous ces termes de : « mal entendants », « déficients auditifs », je n'adore pas vraiment. Les sourds disent d'eux-mêmes : « sourds. » C'est français, c'est clair. Mal entendant ? Est-ce que c'est mal ? Est-ce qu'il faudrait dire « bien entendant » pour les autres ?

Dernière question :

« Aurez-vous un enfant ? »

Réponse : « Oui. »

Question subsidiaire :

« Avez-vous peur qu'il soit sourd ou entendant ? »

Réponse :

« Il sera comme il voudra. Ce sera mon enfant. Point final. »

Pour l'instant, il est en projet pour l'avenir. Qu'il soit sourd ou entendant, il sera bilingue. Il connaîtra les deux mondes. Comme moi. S'il est sourd, il apprendra très tôt la langue des signes, et il rencontrera, très tôt aussi, la langue française. S'il est entendant, je respecterai sa langue naturelle, et lui apprendrai la mienne. Il entendra ma voix. Il aura l'habitude de ma voix. Comme ma mère, ma sœur, mon père. Il m'entendra. Je serai sa mère mouette.

Et je serai mère mouette d'un deuxième. C'est important d'être deux. Je veux qu'ils apprennent à se disputer, à se débrouiller, à partager, à s'aimer. Comme ma sœur et moi.

Plus tard, je serai grand-mère mouette.

Un jour, quand j'étais petite, ma grand-mère maternelle, qui est très croyante, m'a raconté une histoire. J'adorais quand elle me racontait des histoires. Ce jour-là, c'était « mon » histoire... et je ne l'oublierai jamais. Elle m'a dit :

« Tu sais, Dieu t'a choisie. Il a choisi que tu sois sourde. Cela veut dire qu'il espère que tu apporteras aux autres, aux entendants, quelque chose. Si tu étais entendante, tu ne serais peut-être rien du tout, une petite fille banale, incapable d'apporter quelque chose aux autres. Mais il t'a choisie pour être sourde et pour apporter quelque chose au monde. »

Dieu, je ne savais pas trop ce que c'était. Je n'ai pas reçu d'éducation religieuse, mes parents n'en voulaient pas. Ma mère en avait souffert. Mais grand-mère, elle parlait de Dieu comme si elle le connaissait par cœur. Avec certitude. Il m'avait choisie sourde. J'allais apporter quelque chose au monde. Grand-mère m'a donné une espèce de philosophie de l'existence. Une solidité. Une volonté.

Mais c'est moi, grand-mère, qui me dépasse ; je ne tire pas ma force de Dieu, mais de moi-même.

Je sens qu'il y a quelque part un esprit, quelque chose, au-dessus de nous. J'ignore si c'est Dieu. Ça n'a pas de nom, pour moi. C'est une force supérieure. Il m'arrive de lui parler. Quand je veux quelque chose très fort, ne plus avoir peur, réussir, atteindre un but, me dépasser, je lui parle comme si je tenais un discours à quelqu'un. Moi, peut-être. Ou quelqu'un qui s'occuperait de moi. Un dialogue intérieur, en fait.

Mouette volontaire, je dis :

« Arrête d'avoir peur, arrête d'avoir le trac, tu vas y arriver. Vas-y ! Fonce ! »

Et une autre voix me répond, mouette philosophe :

« Voilà, tout va bien, tu n'as pas peur, tu n'as pas le trac. Tu y arrives, tout va bien, tu y es arrivée ! »

Je n'ai que vingt-deux ans, c'est vrai. Je n'ai discuté ainsi entre moi et moi, ou moi et l'autre, que pour des choses de mon âge.

Arrête tes bêtises, regarde la vie en face.

Passe ton bac, tu l'auras. N'aie pas peur.

Monte sur scène, travaille, tu deviendras Sarah.

Les petits et grands combats de ma courte vie, je les ai discutés ainsi. Il y a eu des hauts et des bas. Des moments où je me suis sentie plus isolée, plus seule, et d'autres beaucoup moins.

J'ai encore beaucoup à apprendre, je me pose encore beaucoup de questions. Apprendre, il faut le faire toute sa vie. Si l'on arrête d'apprendre, on est fichu. Il faut que la vie continue, jour après jour, avec des curiosités nouvelles, des apprentissages différents. C'est ainsi que l'on profite réellement de la vie. Ma philosophie, c'est le combat. Se battre pour vivre. Ne pas se relâcher. S'engager. Tout faire. Et aussi les plaisirs simples. Les petits bonheurs du jour. Savoir les attraper. Et les garder.

Parfois, j'ai des doutes. Est-ce que le bilan provisoire de ma vie est positif ou négatif ? Est-ce que j'ai fait quelque chose d'important ?

Je ne suis pas vieille, mais il s'est passé depuis ma naissance énormément de choses. J'ai « vieilli » en accéléré. J'ai fait des expériences très tôt, trop tôt. J'ai l'impression d'avoir avancé très vite. Et de ne pas avoir pris le temps, encore, de me retourner sur le chemin parcouru. Quelqu'un m'a dit un jour :

« Comment ? A sept ans tu avais déjà une réflexion sur toi-même ? Tu parlais de ton âme ? »

J'y étais obligée. Avant, il n'y avait rien. Tout à coup, la communication était là. Je me suis forgé une identité, une réflexion, à toute vitesse. Peut-être pour combler le temps perdu. A treize ans, je me sentais adulte... A vingt-deux, je sais que j'ai encore du chemin à faire pour ça.

J'ai besoin des autres, d'échanges. J'ai besoin d'une communauté. Je ne pourrais pas vivre sans les entendants, pas vivre sans les sourds. La communication est une passion.

Parfois j'ai besoin d'air, dans l'un ou l'autre monde. Me tenir à l'écart. Replier mes ailes. Mais pas trop longtemps.

Il faut que je communique. Si je ne pouvais pas communiquer, je hurlerais, je frapperais, j'alerterais la terre entière.

Je serais seule sur terre.

L'histoire de grand-mère commence à se réaliser. J'apporte au monde des sourds et des entendants ce que je suis. Ma parole et mon cœur. Ma volonté de communiquer, de rassembler les deux mondes. De tout mon cœur.

Je suis une mouette qui aime le théâtre, qui aime la vie, qui aime les deux mondes. Celui des enfants du silence et des enfants du bruit. Qui les survole et s'y pose avec autant de bonheur. Qui peut parler pour ceux qui n'ont pas cette chance. Écouter les autres. Parler aux autres. Comprendre les autres.

Il y a quelque temps, en commençant cette difficile épreuve d'écrire un livre, je tremblais d'appréhension. Mais je le voulais. L'écrit m'importe énormément. C'est le moyen de communication que je n'avais pas encore abordé sérieusement jusqu'à ce jour.

Les entendants écrivent des livres sur les sourds. Jean Grémion, professeur de philosophie, homme de théâtre et journaliste, a étudié plusieurs années le monde des sourds pour écrire un ouvrage formidable, *La Planète des sourds*, où il dit notamment : « Les entendants ont tout à apprendre de ceux qui parlent avec leur corps. La richesse de leur langue gestuelle est l'un des trésors de l'humanité. »

En France, ou même en Europe, je ne connais pas de livre écrit par un sourd. Certains me disaient : « Tu n'y arriveras pas... »

Moi, je voulais. De tout mon cœur. Autant pour me parler à moi-même que pour parler aux sourds, aux entendants. Pour témoigner de ma courte vie, avec le plus d'honnêteté possible.

Et le faire surtout dans votre langue maternelle. La langue de mes parents. Ma langue d'adoption.

La mouette est devenue grande et vole de ses propres ailes.

Je vois comme je pourrais entendre.

Mes yeux sont mes oreilles.

J'écris comme je peux signer.

Mes mains sont bilingues.

Je vous offre ma différence.

Mon cœur n'est sourd de rien en ce double monde.

J'ai bien du mal à vous quitter.

Emmanuelle Laborit.
Printemps 1994.

TABLE DES MATIÈRES

Cet ouvrage a été réalisé par la
SOCIÉTÉ NOUVELLE FIRMIN-DIDOT
Mesnil-sur-l'Estrée
pour le compte des Éditions Pocket
en février 1996

Composition réalisée
par S.C.C.M. - Paris XIVe

POCKET - 12, avenue d'Italie - 75627 PARIS CEDEX 13
Tél. : 44-16-05-00

Imprimé en France
Dépôt légal : février 1996
N° d'impression : 33358